卖给大脑

按下头脑中的购买开关

［美］ 梅琳娜·帕尔默（Melina Palmer） 著

丁郡瑜 译

WHAT YOUR
CUSTOMER WANTS
AND CAN'T TELL YOU

机械工业出版社
CHINA MACHINE PRESS

本书阐述了一个真相：把产品和服务直接卖给客户的大脑，就能在商业活动中取得成功。作者从行为经济学的角度出发，结合了大量研究和案例，帮助读者掌握人类大脑和行为的规律，发掘和利用潜意识的强大力量，最终通过一系列看似微小的改变获取惊人的成果。

本书分为4个部分。第1部分介绍了大脑的基本知识和全书的使用方法；第2部分详细讲解了行为经济学的16个基础概念；第3部分传授了8种推动商业和营销活动的实操策略；第4部分为读者应对实践过程中可能遇到的阻碍提供了有效建议。

WHAT YOUR CUSTOMER WANTS AND CAN'T TELL YOU by MELINA PALMER
Copyright © 2021 BY MELINA PALMER

This edition arranged with Mango Publishing (Mango Media Inc.) through BIG APPLE AGENCY, INC., LABUAN, MALAYSIA. Simplified Chinese edition copyright © 2022 China Machine Press. All rights reserved.

北京市版权局著作权合同登记 图字：01-2021-3400 号。

图书在版编目（CIP）数据

卖给大脑：按下头脑中的购买开关／（美）梅琳娜·帕尔默（Melina Palmer）著；丁郡瑜译. —北京：机械工业出版社，2022.8
书名原文：What Your Customer Wants and Can't Tell You
ISBN 978-7-111-71121-6

Ⅰ.①卖… Ⅱ.①梅… ②丁… Ⅲ.①销售—商业心理学 Ⅳ.①F713.55

中国版本图书馆 CIP 数据核字（2022）第 140657 号

机械工业出版社（北京市百万庄大街 22 号　邮政编码 100037）
策划编辑：廖　岩　　　　　　责任编辑：廖　岩　侯春鹏
责任校对：李　伟　　　　　　责任印制：刘　媛
盛通（廊坊）出版物印刷有限公司印刷

2022 年 9 月第 1 版第 1 次印刷
145mm×210mm·9.25 印张·3 插页·197 千字
标准书号：ISBN 978-7-111-71121-6
定价：69.00 元

电话服务　　　　　　　　　　网络服务
客服电话：010-88361066　　机 工 官 网：www.cmpbook.com
　　　　　010-88379833　　机 工 官 博：weibo.com/cmp1952
　　　　　010-68326294　　金 书 网：www.golden-book.com
封底无防伪标均为盗版　　机工教育服务网：www.cmpedu.com

对本书的赞誉

"你相信自己的直觉,对吧?好吧,许多其他商界领袖在运用直觉反应而做出让伟大的公司和事业一败涂地的决定之前,也是如此。梅琳娜·帕尔默的书,以行为经济学的最新研究为基础,向你展示了如何避免危险的判断错误。这种错误被称为认知偏差,导致了以前成功的领导者的失败。帕尔默是一位优秀的科学和商业传播者,她为你提供了清晰的和商业相关的解释,说明了你需要了解哪些知识才能运用行为经济学的见解来保护你的公司和事业。"

——格莱布·齐普斯基(Gleb Tsipursky)博士,行为科学家,Disaster Avoidance Experts 公司首席执行官,畅销书《永远不要跟着你的直觉走》(*Never Go with Your Gut*)和《我们之间的盲点》(*The Blindspots Between Us*)的作者

"梅琳娜擅长运用行为经济学背后的理论概念,并使其易于理解和应用。她是该领域的思想领袖,在与营销和非营销专业人士合作将这些概念整合到企业战略中并取得重大成果方面经验丰富。这本书是任何一个希望通过深入了解人们如何做出决策来发展业务的人的必备书。"

——贾斯汀·马丁(Justin Martin),Verity 信贷联盟执行副总裁/首席运营官

"通过这本书，梅琳娜将挑战你对个人和商业决策的思考方式，揭露推动客户选择的真正'原因'。不要'过度思考'这个决策，而是要深入研究和学习。"

——威尔·利奇（Will Leach），Mindstate 集团首席执行官，《心智市场营销》（*Marketing to Mindstates*）一书的作者

"这本书是一本很好的客户头脑指南。它是为精明的商人写的，它以入门级的却容易理解的方法来深入研究行为经济学，这种方法不仅能启发人，而且能娱乐人。"

——尼尔·埃亚尔（Nir Eyal），畅销书《上瘾》（*Hooked*）和《专注力管理》（*Indistractable*）的作者

"梅琳娜·帕尔默从多年来制作的精彩播客'聪明的商业'中汲取了自己的真知灼见，并将其整理成了这本有趣、令人愉快的书。这本书将为你带来全新的、聪明的想法，让你的生意更上一层楼。《卖给大脑：按下头脑中的购买开关》是一个宝库，书中充满了可操作的知识。你可以用心理学原理来改变你的营销和销售成果。从对定价和启动的洞察，到对信息的传递和推动，再到互惠和习惯，这本书为你提供了数百条可立即实施的提示和技巧。这是所有对如何在客户中运用行为经济学的力量感兴趣的人的必读读物。"

——科特·尼尔森（Kurt Nelson）博士，Lantern Group 创始人兼首席行为科学家，也是获奖播客"行为节奏"（*Behavioral Grooves*）的主持人之一

"我非常喜欢阅读《卖给大脑：按下头脑中的购买开关》。梅琳娜是一个伟大的故事讲述者，作为宝洁消费者洞察部 24 年的资深员工，我可以看到，这些行为经济学概念中的大多数（如果不是全部）已经应用到我所研究的不同品牌中。《卖给大脑：按下头脑中的购买开关》通过提供案例研究和故事，将行为经济学概念与之完美地结合在一起，使其更易于理解和操作。"

——凯斯·尤瓦特（Keith Ewart）博士，CloudArmy 消费者洞察副总裁

"梅琳娜·帕尔默是行为经济学领域的真正专家，她为从首席执行官到营销人员，从产品开发人员到个体商业者，以及每一位与品牌打交道的人编写了一本全面且易于理解的必读读物。任何对领导力和经营成功、盈利的企业感兴趣的人都应该买一本《卖给大脑：按下头脑中的购买开关》，并立即与他们的团队分享。"

——克里斯蒂娜·麦克兰姆（Cristina Mclamb），利基护肤公司创始人兼首席执行官

"《卖给大脑：按下头脑中的购买开关》是一个极好的、易于阅读的关于如何应用关键行为原则的展览。它以一种非常吸引人的方式，以真实的风格讲述道理，对世界各地的营销人员来说都是一个极好的指南。任何从事商业的人都会从本书的见解中受益。"

——努阿拉·沃尔什（Nuala Walsh），MINDEQUITY 创始人，联合国妇女署英国办事处副主席，全球应用行为科学家协会的联合创始成员

"梅琳娜·帕尔默的书《卖给大脑：按下头脑中的购买开关》是一本很棒的指南，里面充满了行为经济学的原理和见解，可以应用到你的日常工作中，也是梅琳娜'聪明的商业'播客的一个绝佳伴侣。这本书的洞见肯定会'推动'你进入应用行为科学的精彩世界。"

——杰森·阿坎博（Jason Archambault），Truist Financial 公司行为经济学主任

"这是一本引人入胜且经过深思熟虑的书，里面有大量具体的例子，对于任何试图理解行为科学原理并将其应用于工作和生活的人来说，都是宝贵的资源。"

——贝克·威克斯（Bec Weeks），Pique 联合创始人

"就像梅琳娜的播客一样，《卖给大脑：按下头脑中的购买开关》展现出一些精彩的观点，包括冷静的想法和实用的技巧挖掘出人类行为的真相。梅琳娜在她的播客和研究者们的基础上，分享了一些伟大的想法；但更重要的是，梅琳娜提供的方式是务实的，易于付诸实践的，这是一本必读书！"

——蒂姆·胡利汉（Tim Houlihan），Behavior Alchemy 首席行为策略师和获奖播客"行为节奏"的主持人之一

"《卖给大脑：按下头脑中的购买开关》塞满了引人入胜的例子，说明了我们的大脑是如何在内心深处塑造、引导和触发日常行为的……而我们甚至都没有意识到这一点！这本书充满活力、充满乐趣、内容丰富，不仅吸引寻求新鲜灵感的营销人员、创意

人士和设计师，而且也吸引所有对最新科学感兴趣的人，探寻科学背后真正让我们兴奋的是什么……是什么促使我们做出选择。"

——*汤姆·诺布尔*（Thom Noble），CloudArmy 公司总裁/CSO

"对于那些对客户行为和决策科学着迷的人来说，《卖给大脑：按下头脑中的购买开关》是一个非常突出的指南。梅琳娜的声音在该领域是无价的，她对行为经济学及其在营销人员中的应用有着独特的理解。对热爱该领域的人和该领域的从业者来说，《卖给大脑：按下头脑中的购买开关》简单易行，证据充分有力，提供了清晰的例子和令人难忘的见解——实现了广度和深度的巧妙平衡。"

——*玛德琳·昆兰*（Madeline Quinlan），Salient Behavioral Consultants 共同创始人和全球应用行为科学家协会会员负责人

"任何企业都需要了解人类行为——从而了解人们如何思考——才能成功。梅琳娜·帕尔默的精彩著作将最新的科学带入生活，用引人入胜的例子解释了我们为什么要做我们所做的事，并就如何将其应用于企业提供了即时实用的建议和提示。请阅读本书，你——和你的生意——都能从中受益。"

——*理查德·查塔韦*（Richard Chataway），《行为商业》（*The Behaviour Business*）作者兼 BVA 英国公司助推部门首席执行官

"对希望了解人类行为的原理并运用其开展业务、改变自己生活的人来说，这本书是一座伟大的宝库。"

——*马可·帕尔马*（Marco Palma）博士，得克萨斯农工大学人类行为实验室主任

"梅琳娜使人类大脑的复杂工作变得简单易懂，让任何人都能理解和利用，即使在人工智能时代，人脑也是地球上最强大的机器。"

——詹姆斯·罗伯特·雷（James Robert Lay），数字增长研究所创始人兼首席执行官，播客主持人，《数字增长银行》（*Banking on Digital Growth*）一书的作者

"梅琳娜使用了相关案例和优美简单的叙述，直接对读者进行思想和情感的冲击。在这样做的过程中，她阐明了本书的要点：为什么以量化的方式真正理解人类的情感和行为至关重要，以及最终与客户联系和实现真正增长所需的工具。"

——纳蒂亚·哈根·皮德森（Nadia Haagen Pedersen），iMotions 营销执行副总裁

"这本书是一本令人难以置信的、循序渐进的指南，适用于那些希望加深对行为经济学的理解，从而在市场上获得竞争优势的商界人士。我强烈推荐梅琳娜的这本书，它是我深化该领域知识的主要资源。"

——科瓦米·克里斯蒂安（Kwame Christian），美国谈判研究所所长，畅销书作家、律师、演讲者，以及谈判播客"凡事皆可谈判"的头号主持人

"最基本的一点是，商业上的成功是比竞争对手更好地理解人类行为的结果。从这个角度来看，《卖给大脑：按下头脑中的购买开关》是这些年来出版的最重要的商业书籍。作为行为经济

学家、播客制作者、作家，梅琳娜·帕尔默为探索人脑的复杂性、促使人们购买你的产品，提供了全面的指南。"

——米歇尔·施恩（Michael Schein），《炒作手册》（*The Hype Handbook*）一书的作者和微电影媒体总裁

"爱因斯坦说：'一切都应该尽可能简单，但不能简单化。'《卖给大脑：按下头脑中的购买开关》一书正是这样做的，因为梅琳娜·帕尔默深入研究了行为经济学和社会心理学，并以任何人都能理解的方式分享这些知识。她并未丢掉关键细节。最重要的是，梅琳娜为那些想深入探讨这一主题的读者提供了真实世界的应用案例和额外的参考资料。如果你想变得更有说服力，这本书和她的'聪明的商业'播客是你不能忽视的资源。"

——布莱恩·阿赫恩（Brian Ahearn），《影响力人物》（*Influence PEOPLE*）一书的作者

"《卖给大脑：按下头脑中的购买开关》是一本关于人类行为和经济学的迷人的书。这本详尽的指南将塑造你的经营方式，迫使你重新思考你当前的战略。它还提供了实践练习，能帮助你改变当前的管理方式，提升领导力，实现商业上的成功。这是一本必读书，任何想了解自己的客户及其动机的人都应该阅读它。"

——斯科特·米勒（Scott Miller），畅销书作家和排名第一的领导力播客"与斯科特·米勒讨论领导力"的主持人

"从完全的初学者到经验丰富的专业人士，每一个读到《卖给大脑：按下头脑中的购买开关》的人，都会在将行为科学应用

于商业和品牌的艺术方面获得无价的智慧。"

——阿普里·维尔拉科特（April Vellacott），Cowry 咨询公司的行为咨询主管，《涟漪：商业小行为带来大变化》（*Ripple：The BIG Effects of Small Behavior Changes in Business*）一书的合著者

"在播客的成功基础上，帕尔默为任何首次涉足应用行为科学领域并希望将其应用于实际商业问题的人编写了一本经过深思熟虑的、平实的书。"

——马特·瓦勒特（Matt Wallaert），行为科学家，《从最后开始：如何构建能够创造变化的产品》（*Start at the End：How to Build Products that Create Change*）一书的作者

"《卖给大脑：按下头脑中的购买开关》一书有实用的见解和现实世界的案例研究，并有充分的学术参考文献支持。如果你想专注于行为经济学的应用，这本书值得一读。"

——杰兹·格鲁姆（Jez Groom），Cowry 咨询公司创始人兼首席执行官，《涟漪：商业小行为带来大变化》一书的合著者

"通过深思熟虑地应用《卖给大脑：按下头脑中的购买开关》一书中的概念，你将超越阻碍你达到最佳状态的无意识障碍，并在这个过程中超越你的竞争对手，为你的客户创造最佳的产品、服务和体验，即使他们不知道自己需要什么。获得它，吸收它，应用它！"

——亚当·汉森（Adam Hansen），Ideas To Go 行为创新负责人兼副总裁，《智胜本能》（*Outsmart Your Instincts*）一书的合著者

"在《卖给大脑：按下头脑中的购买开关》一书中，梅琳娜揭开了帷幕，帮助我们了解客户的心智以及他们是如何做出决定的。这本精彩的书是知识的财富，为从业者提供了可操作的见解，帮助他们了解客户的决定。"

——奈特·安多斯卡（Nate Andorsky），创新科学公司首席执行官，《解读原因：行为科学如何推动下一代产品设计创新》（*Decoding the Why：How Behavioral Science Is Driving the Next Generation of Product Design*）一书的作者

"实用的建议和参与性练习，帮助你立即开始在业务中应用行为科学。"

——艾琳·霍尔兹沃思（Aline Holzwarth），Pattern Health 行为科学负责人，杜克大学丹·艾瑞里高级后知研究中心负责人

"如果你已经是梅琳娜优秀播客'聪明的商业'的粉丝（和我一样！），你会立刻认出她在《卖给大脑：按下头脑中的购买开关》一书中友好而热情的声音。梅琳娜展示了她一贯乐观和热情的风格，成功地让行为经济学这门学科看起来既酷又有趣。"

——路易丝·沃德（Louise Ward），行为科学俱乐部的联席主席

"梅琳娜是行为科学领域最努力工作的播客主持人，她的《卖给大脑：按下头脑中的购买开关》是一本必读之书，里面有有用的案例研究和对品牌和组织的实用建议。"

——贝尼·程（Benny Cheung）博士，Dectech 公司董事

"《卖给大脑：按下头脑中的购买开关》一书为你提供了通往行为科学秘密世界的钥匙，它全面而平实地回顾了相关研究以及说明了如何使用它。"

——帕特里克·法根（Patrick Fagan），卷尾猴行为科学首席科学官，《上瘾：为什么我们无法抵抗可爱的商品和其他营销魔法》（*Hooked：Why Cute Sells and Other Marketing Magic that We Just Can't Resist*）一书的作者

"行业老手编写的一本可读性很强的无意识说服指南，请在竞争对手之前阅读这本书！"

——蒂姆·阿什（Tim Ash），国际主题演讲人和畅销书《大脑起源》（*Unleash Your Primal Brain*）的作者

"梅琳娜做了一件了不起的工作，她将一个迷人但复杂的话题提炼成简单、可操作的信息，应用于我们生活的不同方面。"

——米歇尔·马祖尔（Michael Mazur），Colu 公司业务发展副总裁

"这本书是每个商人都应该读的！书中充满了经过深思熟虑的信息，并以一种易于吸收的方式编排。它将使你以不同的方式思考和行动，并以全新的方式处理你的业务。它将使你发笑、深呼吸和思考。它绝对精彩。"

——尼基·劳希（Nikki Rausch），Sales Maven 公司首席执行官，神经语言编程专家，播客主持人，《购买信号和销售阶梯》（*Buying Signals and The Selling Staircase*）一书的作者

序

约一个世纪前，伦敦的一家出版商出版了由威廉·麦克弗森（William Macpherson）所著的《说服心理学》（*The Psychology of Persuasion*）。1929 年，爱德华·伯奈斯（Edward Bernays）把香烟重塑为"自由的火炬"，使女性吸烟风靡一时。尽管消费者心理学领域的研究取得了长足进展，但在 20 世纪的管理者中，太多人仍然固执地将营销重点放在产品功能和产品优势上。

与此同时，全新的学科在不断演进形成。那些执着于用复杂的方程来解释世界的经济学家们发现，他们对人类行为最基本的假设是错误的。消费者并不总是追求最大的边际效用，管理者也并不总是力求利润最大化。行为经济学开始成为一个重要的学科领域，反映人类真实行为的研究孕育了多项诺贝尔奖。

在过去几十年里，神经科学为我们研究人类行为提供了很多帮助。类似功能磁共振成像（fMRI）这样的成像工具，能使大脑从一个无法穿透的黑匣子变成一种可以通过行为来观察到的东西。

当看到一些有远见卓识的营销人员使用这些神经科学工具来研究消费者对广告、包装和产品的反应时，我对市场营销和大脑如何发生交互作用的兴趣也日益增长。

自 2005 年始，我开始着手写作神经营销学这一新兴领域的文章。早期，我是有些沮丧的，因为在当时，只有大品牌能负担起神经营销学的研究。也因为这个原因，我的写作方向逐渐聚焦于基于大脑的营销策略，这一研究的结果无论组织规模大小都可以加以应用。

在此期间，一系列畅销书都表明这样的观点，即绝大部分决策都是在无意识层面上做出来的。商业领袖开始逐渐意识到，他们的客户可能并不单单被逻辑和事实所说服。

十年前，当我的第一本书《销售控脑术》（Brainfluence）出版时，市面上很少有指导经商者运用行为经济学的观点来解决日常问题的操作手册。到底应该如何定价，如何展示价格？哪种标识更有说服力？什么样的标题能吸引更多买家？我在该书中进行了尝试，努力回答这些问题，让经商者不仅能理解神经营销学的概念，而且能将之付诸行动。

梅琳娜·帕尔默所著的《卖给大脑：按下头脑中的购买开关》一书是对这一题材的重要且有价值的补充。她用非学术术语、能为繁忙的营销人员和高管所能理解和内化的方式解释了神经营销学这一学科。她的风格是娓娓道来的，而不是说教式的或者迂腐的。梅琳娜在书中设置了"自我尝试"的互动部分，来帮助读者将知识应用到实践中。

读完《卖给大脑：按下头脑中的购买开关》一书，你会对这一可应用于任何规模组织的无意识劝导技巧的内涵有所理解，即使是那些潜心研究某一特定领域的人，也能从中有所收获。

成功的市场营销人员，其推销必须超越产品或服务本身的特点，应更关注驱动客户做出决策的无意识因素。在《卖给大脑：按下头脑中的购买开关》一书中，梅琳娜·帕尔默将告诉你怎么做。

罗杰·杜利（Roger Dooley），

《摩擦》（Friction）和《销售控脑术》的作者

目　录

对本书的赞誉

序

第 1 部分
大脑（和本书）
指南

第 1 章　解开大脑的秘密 / 002

第 2 章　企业和品牌 / 008

第 3 章　重要的大脑物质 / 017

第 4 章　如何使用本书 / 026

第 2 部分
概念介绍

第 5 章　框架 / 034

第 6 章　启动 / 043

第 7 章　锚定与调整 / 058

第 8 章　相对论 / 064

第 9 章　损失规避 / 072

第 10 章　稀缺性 / 082

第 11 章　从众心理 / 089

第 12 章　社会证明 / 097

第 13 章　助推和选择架构 / 106

第 14 章　选择的悖论 / 121

第 15 章　分区 / 129

第 16 章　支付的痛苦 / 138

第 17 章　惊喜 / 146

第 18 章　峰终定律 / 155

第 19 章　习惯 / 160

第 20 章　互惠 / 169

**第 3 部分
如何应用**

第 21 章　行为烘焙 / 180

第 22 章　关于定价的真相 / 186

第 23 章　如何销售更多正确的产品 / 196

第 24 章　一系列小步骤 / 207

第 25 章　我可以为你点菜吗 / 215

第 26 章　你在解决什么问题 / 221

第 27 章　新奇和故事的力量 / 230

第 28 章　测试，测试，测试 / 238

**第 4 部分
跨越障碍**

第 29 章　是什么在阻碍你 / 250

第 30 章　我面向的对象是谁…… / 257

后记 / 261

致谢 / 263

参考文献 / 265

作者简介 / 278

WHAT YOUR
CUSTOMER
WANTS
AND CAN'T TELL YOU

第 1 部分

大脑（和本书）指南

第 1 章　解开大脑的秘密

WHAT YOUR
CUSTOMER
WANTS
AND CAN'T TELL YOU

你对自己的大脑了解多少？

现在，让我们花点时间来想一想，大脑是什么，它是如何作用的。你确信自己真的"了解"它吗？你对自己大脑的认知有多少是建立在假设和一厢情愿之上的呢？更进一步说，你对你最好的朋友、你的同事或顾客的大脑有多了解呢？

事实就是，尽管我们每个人都有大脑……但我们并没有真正理解它是如何工作的。

在过去 20 年里，人们对人脑的研究已经超过了以往 20 万年的认知总和。技术和世界互联带来的合力，促成了这种学习进步，同时，还有很多知识等待我们在未来岁月里去发现。

在过去一段时间里出现的最好的东西之一（至少在我看来）是行为经济学这门研究人们购买行为的心理和大脑机制的学科，能帮助我们预测消费者实际将采取的行动。

我想说的是，如果传统经济学和心理学有孩子，这个孩子就是行为经济学。或者，换句话说：

传统经济学 + 心理学 = 行为经济学

真是一个好消息！这是你在这本书里所能找到的最复杂的方程式。因为，虽然我是一个行为经济学家（我知道这个头衔可能有点吓人），但我的任务是，让这一领域的知识变得人人都易于理解、易于使用。

本书将：

- 阐述人类大脑是如何工作的
- 介绍行为经济学领域的一些关键概念：我会将其细分为易于理解和记忆的小知识点
- 展示如何将这些概念进行组合并应用到实际生活中，从而帮助你取得更大的成功
- 传授一些可能让人脑洞大开的技巧，让你走出误区并应用本书所教的知识

行为经济学是一门植根于科学的学科，集合了几十年来世界多个学科的研究：心理学、经济学、神经科学和哲学，等等。然而，它也是一门艺术。有成百上千的规则、概念和刺激因素共同作用，一起在大脑中塑造你的个人经历和决策行为。本书中所介绍的概念都是经过验证的，也是我们在某种程度上都经历过的……但是选择哪些概念来应用，什么时间应用以及如何应用呢？这都是艺术。本书将会解释，我是如何在自己工作中处理这个问题的，以及你如何也可以做到这一点。

首先，让我们来谈谈大脑是如何工作的。

接待员和行政人员

让我们假设一下，你想和奥普拉（Oprah）来场会面。你不可能给她打个电话就预约上了——你首先需要通过一个（或十个）接待员。这个"看门人"，旨在避免让琐碎的小事去烦扰忙碌的奥普拉，就很像你的自主意识脑和潜意识之间的关系。

诺贝尔奖获得者、行为经济学家丹尼尔·卡尼曼（Daniel Kahneman）谈到大脑分为两个系统。系统一（在本书和"聪明的商业"播客中我称之为"潜意识"）是自动系统，它反应迅速，在任何给定的时间里都能处理大量信息——如果转化为计算机术语，它每秒大约能处理1100万比特的信息。

相对应的，系统二就是我所说的自主意识脑。它的速度慢得多，相比潜意识每秒处理1100万比特的信息，自主意识脑每秒大约只能处理40比特（呀！这么少！）。

> 潜意识（系统一）= 接待员
> 使用已经验证过的规则做出大量快速而自动的决策
> 自主意识（系统二）= 忙碌的执行者
> 只有真正重要的事务才能提到这个层面来；反应慢，所处理的更多是评价性决策

当我们自以为我们对自己的大脑和所做的决定有控制力（认为我们正在做的一切都是一个复杂的、合乎逻辑的评估）之时，事实却并非如此。我们的自主意识脑无法处理足够多的信息并做出生存所需的大量决策。这就是为什么你所做的99%的决定（包

括你的客户、同事、朋友和家庭成员都如此）实际上都是由潜意识大脑来处理的。

不幸的是，大脑的这两个系统所使用的语言是不一样的。这就是为什么焦点小组[⊖]会说他们想买牙膏 A……然后又不要了。他们并不是故意骗你（大部分如此），只是反映出人们并不知道自己将会做什么。更糟的是，他们甚至不能在事后告诉你他们这么做的原因，同样是因为大脑的两个部分说的不是同一种语言。

学习规则

回想一下你第一次学习开车的经历，它可能是个很缓慢的过程，是你不断自我质疑的过程（"我的手干啥去了？这是哪个踏板？别忘了看后视镜！"）。

这个过程之所以缓慢，是因为你的自主意识脑正在学习并为此过程设置规则。一旦规则建立起来，事情就容易多了——你甚至可能根本不需要去想上次开车是什么情形，对吧？那是因为驾驶技能已经进入到你的潜意识大脑。开车时，你的大脑仍然在做同样的决策和评估，但它们是使用既定规则——过去已经生效的规则——去快速完成的。

最初，驾驶过程一切都很顺利——直到遇到瓢泼大雨，你开车经过一个山口，被夹在半截卡车和护栏之间——这时你就能感觉到动作的速度慢了下来。你能意识到手在方向盘上的每一个微小的转动，每只眼睛的运动都变得很明显，肩膀抬高了，你变得极度谨慎。

⊖ 也称小组访谈，小组成员来自各阶层，讨论某专项问题，所得信息常为市场研究者或政党所用。——译者注

这就是你把方向盘从潜意识转交给自主意识脑的过程。此时此刻，驾驶太重要了，需要高度专注来确保自身安全。这个时刻值得用上每秒 40 比特的信息处理速度（当驾驶的优先级提高时，一些其他事项需要降级到潜意识水平）。

同样，这也是你在驾着车寻找新地址时会调低收音机的音量的原因；自主意识脑不能同时处理这么多的信息输入。

驾驶的事例展示了，大脑是如何在个人经验基础上建立规则和产生偏差的，潜意识规则也受到人类生物机制的巨大影响，并且已经发展了几千年。

想想我们面对危险时的"战斗、逃跑或僵住"反应吧。在某些紧急情况下，我们的自动反应会占据上风，原因之一在于——它需要保护我们，这是让我们（和我们的祖先）世世代代活下去的基础。我们的任何近亲如果晚上看到灌木丛中的反光点还认为："哈，我知道你们都认为那是只老虎……但我敢打赌你们错了！"那么他们大概无法进化成功，而是被老虎直接吃掉了。

过去的预言决定了未来

两种学习类型——不管是世代传承下来的，还是我们的个人经历——都会对潜意识的运行规则产生持续影响。

你生活中几乎每件事都建立在对未来的预测基础上，而这种预测都是基于潜意识对过去的理解；它不断地做各种选择，而且通常做得很好。然而，在我们所能意识到的有限情况外，潜意识所使用的规则并不完全符合现实的情况（在本书第 2 部分，你将反复看到相关概念的例证）。潜意识每秒要处理 1100 万比特的信息，也难怪每个决定都不是 100% 地恰如其分。

例如，现在我们大多数人都不会置身于遇到老虎的真正危险中，但是，当我们在和老板开会受到"攻击"，或被网站上的广告所冒犯时，我们的大脑仍然会做出战斗、逃跑或僵住的反应。

当你阅读本书（并评估你未来的生活和商业决策）时，最重要的就是要知道，行为经济学能够帮助我们理解大脑的这些规则。我在本书中所介绍的概念已经得到了不同文化、不同年龄、不同性别、不同收入水平、不同受教育程度等因素的印证。也许表现程度不一，每个人每种情形都不完全相同，但我们所有人每天都在各自生活中不同程度地践行这一点。

想象一下，你第一次看到一个棋盘，然后坐下来和大师进行比赛，但你不被允许知道规则，只能边走边学。你可能就会想出一些理论，并去猜测每一个棋子都能做什么，为什么要这么做，什么时候能移动一步，但实际上你很难有进步，你几乎永远都不会赢。

但是，如果你知道规则，你能在每一步棋上学到多少？这种体验会有什么不同呢？

我认为，如果理解了行为经济学以及大脑的决策过程，就能让你成为国际象棋大师，去打败一个笨手笨脚的对弈新手。一旦你掌握了游戏规则而世界上大多数人均未掌握，那你在生活和工作中将获得多么大的优势啊？

让我们拭目以待。

第2章 企业和品牌

WHAT YOUR
CUSTOMER
WANTS
AND CAN'T TELL YOU

"品牌是一种记忆。"

——彼得·施泰德（Peter Steidl）博士，《神经营销品牌》
（*Neurobranding*）的作者

你最喜欢什么品牌？

不管你想到的是什么，答案基本上都是由你的潜意识瞬间产生的。这种反应可能不仅仅是一本白纸黑字的商业账本，而是充满了情感、记忆和感官的唤醒。也许你的脑海里浮现了苹果的标志，你觉得似乎品尝（并立即渴望品尝）到了自己最喜欢的星巴克冰激凌，或者好像感受到了第一次家庭旅行去迪士尼乐园的刺激感，又或者好像能闻到沃尔沃真皮座椅的气味。

将大脑和最喜欢的品牌建立联系，这已成为一种潜意识规则和联想———一种习惯。但是，是什么使它们成为最受欢迎的品牌？为什么你和它们的关系不同于其他品牌？你为什么会想到它们，你这么爱它们的原因是什么？

你可能听过"感知就是现实"这句老话，人们反复强调这句话，因为这是真理。关于这一点，我更喜欢彼得·施泰德"品牌是一种记忆"的说法。

与单纯的商业不同，一个品牌已经被赋予了更多内涵。

商业是金钱与产品或服务的互换。商业就是要从中获取收入。但是，是什么原因让一个人更愿意购买这个企业的产品呢？与什么样的情感、故事和记忆有关呢？品牌。

品牌是个人体验的集合体，它在你的脑海中形成一个人物形象，让你感到熟悉进而喜欢它。

想象一下，你被安排去相亲。你对对方的行为会有多挑剔？他的一言一行都被你评估和统计着。一个恼人的咕噜咕噜喝汤行为就足以让你无视其他优点，而将其永远拒之门外。

现在想象一下，你结婚了，你的伴侣也做出类似恼人的咕噜咕噜喝汤行为……你会提出离婚吗？

也许不会。

品牌同样如此。当你第一次见到它们，你会高度警觉——你的防御程度很高，已经准备好对它们有所行动，这样你可以接纳或拒绝它们。在这个过程中，你的大脑使用了潜意识和自主意识两种途径来对品牌进行评估：正在发生的事情和影响决策的很多因素，实际上是低于你自主意识的理解层级的。

一旦通过评估，过渡到已知品牌——或者更好一点，变成受欢迎品牌，尽管它们可能也会时不时地出现"咕噜咕噜喝汤行为"，但在你的心目中，它们的分值还是十分。

如果它们真的做了一些骇人听闻的事，会改变这种关系吗？要有多少次不好的体验，那些你最喜欢的品牌才会从你的榜单头部滑落下来？你会对此感到心烦意乱，动摇你的品牌忠诚度吗？既然你已经在思考这个问题了……为什么你一定要买它们的东西呢？到底是出于品牌忠诚还是习惯使然？

从商业到品牌

品牌之所以重要，是因为它连接着你的业务和顾客的大脑。潜意识推动情绪化的、有动机的行为，获取它所渴望的回报。没有品牌——没有形成记忆——你的品牌就无法进入顾客的潜意识习惯。如果你没有帮助顾客形成习惯，你的竞争对手就会去做。

无论你做什么生意或出售什么产品，品牌都是核心。想想我前面提到的一些顶级品牌——它们是商业中的精英。它们知道自己是谁、在干什么、不能干什么、原因是什么。

Netflix 公司前产品副总裁吉布森·比德尔（Gibson Biddle）表示，要塑造成功的产品、公司和品牌，必须从"客户至上"（customer focus）转变为"客户痴迷"（customer obsession）。这一举措使他们领先于竞争对手，创造了客户所没有预想到的产品和服务。运用本书中的小技巧，你也能为自己的业务赢得竞争优势。

迪士尼是一个充满魔力、奇迹和梦想的品牌。你对他们品牌的记忆伴随着期望。你会把它想象为全家人聚在一起看《电锯惊魂》这样血淋淋的电影吗？

如果那样的话，人们会义愤填膺。用不了多久，迪士尼的名声就会被毁掉，品牌会受到损害。

迪士尼所做的一切，从商场里的体验到公园里的"演员"，都是他们品牌的一部分。迪士尼知道每个人都很重要，每时每刻都很重要。所有的一切都要符合品牌的形象。

新奇和故事的力量

迪士尼并不是唯一一个将细节融入其作品的品牌。位于拉斯维加斯的威尼斯人酒店，于 2014 年被全球最大的旅游网站猫途鹰（TripAdvisor）评为世界上设计最为出色的酒店，其 25 英尺高的立柱明明可以使用任何材质的大理石，但出于真实性考虑，该酒店还是选择了从意大利进口。

亚马逊本可以使用普通的纸板箱，但却运用了包含它标识（微笑图形，暗示着该公司从 A 到 Z 的商品类别）的包装。iPhone 的每一张广告图片显示的时间都是上午 9∶41，这是史蒂夫·乔布斯 2007 年第一次发布产品的时间。说到广告中的时间，你知道为什么几乎每个手表广告的时间都设定在上午 10∶10 吗？这是因为它的对称性，就像亚马逊公司的标识一样，它能让人想起一张笑脸（我们将在第 2 部分开篇章节中重新讨论这一点）。推特（Twitter）标识中的鸟有个名字（如果你想知道的话，它的名字是拉里）。还记得哈利·波特电影里的那些肖像吗？它们是由艺术家手工绘制，而非计算机生成的（我在伦敦的华纳兄弟工作室看到过，非常精彩！）。

这张清单还可以继续写下去——甚至可能写满整本书。但我们的问题是，为什么这么做？

为什么我们喜欢的品牌都这么自找麻烦？为什么不能偷工减料呢？为什么要给芭比娃娃一个全名和背景故事呢？

原因之一在于，我们的大脑喜欢这些微小的胜利和发现。我们很乐于知悉这些公司有多周到——它就像是一份礼物、一点小知识，有助于让我们在鸡尾酒会上显得聪明。这也能创造光环效应。我们的大脑会认为："这些外围的东西他们都倾注了如此多心血，想象一下他们该有多在乎主要产品！"

另一个原因是，我们的大脑是敏锐的。人的潜意识每秒处理1100万比特，这样的设计可以立即筛选出那些不正常的事情。

想想《权力的游戏》总共拍了8季73集。其中描绘华丽的服装和布景的时间就超过252000秒——然后，最后一季里，一个穿帮的星巴克杯引爆了互联网。

为什么这个杯子会如此引人注目？整个剧集呈现了数百万件物品，为什么大众却没有同样的意愿去关注？为什么这一失误会对整个特许经营权产生不成比例的负面影响？

这源于持续的大脑扫描功能，它被设计为：当潜意识不知所措时，自主意识脑就会得到提醒。在整个剧集中，所有其他微小的瞬间都只是背景中的模糊部分（我也同意，人们不会记录下所有正确的小事，尽管这并不公平）。人们的记忆会把微不足道的不一致的小事放大，进而影响所有相关的记忆。

记忆的集合

记住，品牌就是记忆的集合体，许多记忆捆绑在一起，在大脑中形成一种印象，二者相互作用相互影响。每次你的客户与你的品牌互动，数以百万计的信息会被潜意识大脑加以分类和存储，并且，他们对你生意的看法会跟随每一次新的体验而不断发展。

但是，什么是记忆，它们是如何工作的呢？

这是一个看似简单的问题，却有着复杂的答案和我们中许多人宁愿忽略的真相。当你想到自己的大脑和它的记忆，会把它和文件柜联系起来，或者把它想象成存储在云端的照片。我们倾向于认为，每一段记忆都是所发生事情的精确副本，带着所有错综复杂的细节，被存放在一个安全的地方，可供随时查看。

不幸的是，这是完全错误的。

我们的记忆基本上是再现大脑所告诉我们的信息，但这种再现是不准确的，我们每访问一次，就会对它们进行一点更改。所以，你想得越多……就越不像原来的版本。令人沮丧，对吧？

每个人的大脑都在不断改变他们的记忆来更好适应自己的需要：让自己看起来更好，夸大某些部分，降低他人的重要性，这些都没有用到自主意识。它甚至可以创造错误的记忆：有人会认为自己遭遇了某事，但实际上那只是个故事或某个广告而已。

18 岁时，我在一家航空公司的呼叫中心工作，不久后去了客户服务部。你知道，当你对航空公司很生气，抄起电话就大喊大叫的对象是谁吗？就是我。

听人们讲述他们的经历，真是太棒了。听一听最可怕的航班延误吧。"真是太折磨人了！"他们会说，"我被困在机场，没有食物，座椅也不舒服，浴室一团糟……"

我查询了一下，发现他们的航班只延误了 90 分钟。

你可能不知道，每个向航空公司打电话投诉的人都要求获得免费机票。我曾接待一位索要免费机票的女士，她的投诉原因是乘务员在飞机上迟迟不给她一罐苏打水（她在第八排）。

在这些记忆里，感知就是现实，乘客因为暴雨而被困在机场的经历将影响航空公司的品牌，尽管天气已经超出了航空公司的控制范围。从逻辑上，人们知道航空公司正在做出选择，以确保每个人的安全。但是潜意识在把这段经历作为记忆记录在大脑中时，并没有把这一点保存进来。

想想那个古老的钓鱼故事，有人钓到了一条小鱼，到 20 年后，它变成了"我有史以来见过的最大的鱼!"他并不是故意撒谎（通常情况下）。在他的大脑里，事实上每讲一次故事，鱼就会变大一点，因为他不知不觉地抹掉了一些事实而夸大了其他事实。这是大脑的一种自然倾向，我们对各种经历都会这样做……而不仅仅是为了在其他人面前炫耀。

另一个有趣的怪癖是，大脑并不总是能搞清楚发生在我们身上的事情和我们认为发生的事情二者的区别，这一点对公司来说尤为重要。

你还记得你五岁时在商场迷路的那次经历吗？你和妈妈一起散步，一只毛茸茸的橙色泰迪熊吸引了你的注意。这很吸引人，因为橙色的熊并不常见，透过玻璃窗它看起来很可爱。转眼间，你一回头，发现妈妈的黑白条纹连衣裙不见了。当你开始惊慌失措，疯狂地环顾快速走过的成年人的双腿时，内心涌动着恐惧。你和妈妈从失散到重聚只有 12 分钟，但你感觉就像是一辈子。

信不信由你，你的大脑现在已经把这个小事件储存在你的记忆库中了。尽管这是一个虚假记忆，但你的大脑并不是这样记录的。在一项著名的研究中，三分之一的人被提醒"他们某次在购物中心迷路了"（实际从未发生过），他们相信这是真的。在两次后续采访后，仍有四分之一的人继续声称这个不真实的故事是真实的记忆。

说得越多，我们就越相信。

诸如"同类最佳""最大的网络覆盖率"或"增长最快的公司"等广告宣传语，都被作为事实存储在客户的记忆库中。我们的大脑喜欢一致性，所以一旦听到这些，就会相信它是真的，并寻找能证实这一期望的东西。

你可以当事后诸葛亮，但事实并不总是记忆所呈现的样子。

世上没有"应该"

如果你正在创造一种人们"应该"想要的产品或服务，而他们并不会购买它……那它真的值得销售吗？如果你发现自己说过"人们应该买这个"或"任何人都应该知道这是一笔大买卖"，那么是时候停下来反思了。

人们并不总是做他们"应该"做的事，或者做对他们最有利的事。即使人们知道什么是最好的，也不意味着他们会去做。我们都想变得更健康，我们知道要实现这个梦想需要什么：节食和锻炼。

但我们会去做我们知道自己应该做的事吗？很多时候……不。

这是大脑的难题：有意识的人"知道"该做什么，但不能让潜意识服从命令。纽约大学心理学家乔纳森·海特（Jonathan Haidt）用一个骑大象的奇妙比喻解释了这一点。

骑手（自主意识的大脑，系统二）有世界上最好的计划和最佳逻辑，但如果大象（潜意识的大脑，系统一）分心或不感兴趣……它将在不咨询骑手意见的情况下获胜。推大象、拉大象、对它大喊大叫或噘嘴都不会让它行动分毫。但是正确的鼓励——也许是热天里的一池凉水？——当心，潜意识正在起作用！

和大脑合作——帮助骑手和大象步入同一条轨道——总是比试图拉着大象走更容易。这就是 The Brainy Business 公司应用行为经济学方法的用武之地。

这本书将帮助你解锁大脑的秘密，解释相关概念；你将了解如何将这些概念结合起来，并以各种方式应用于商业中，提升业务水平。

企业最大的问题——不管你是否在设计产品、设定价格、创造营销信息、在员工之间进行内部沟通或开发一个有凝聚力的品牌——是有意识的"骑手"试图用自己的语言与其他骑手交谈，而他们实际上应该先引诱大象。

大象不懂人类的逻辑，潜意识的大脑也是如此。让我们从大象开始，骑手将会帮助解释为什么这个想法如此奇妙。

第 3 章　重要的大脑物质

潜意识中的"大象"一直在寻找奖励，并且想知道何处可获得奖励（这就是为什么它更喜欢现状，因为有一条坚实的道路可以随时得到奖励）。大脑中有四种主要的化学物质能让人"感觉良好"，这些物质能促使人们不断想获取更多，你可以通过缩写"DOSE"来记住它们。

- 多巴胺 Dopamine：预期
- 催产素 Oxytocin：同理心和社会联系
- 血清素 Serotonin：情绪（好或坏）
- 内啡肽 Endorphins：掩盖疼痛或不适（对达到目标很重要）

多巴胺与预期

虽然所有这些化学物质都很重要，但在我看来，多巴胺与大多数商业用途最为相关。95%的购买行为是由习惯驱动的，而习惯正是建立在对回报的预期之上。而且，虽然人们似乎是从产品本身中获益，但最重要的实际是购买过程。

神经科学家罗伯特·萨波尔斯基（Robert Sapolsky）的一项研究是，观察奖赏过程中何时释放多巴胺，他训练猴子知晓，当灯亮起时，如果它们连续按一个按钮十次，就会得到奖品。

你认为多巴胺什么时候开始释放？什么时候释放量最高？

- 灯亮时
- 按下按钮时
- 发放奖品时
- 享用奖品时

对于任何一个吃过美食的人来说，我们可能会认为最好的时刻是我们得到并享用它的时候。

真正发生的情况是：多巴胺的释放从灯亮起开始，按下按钮时达到最高值，当奖励被发放时结束。

实验的精彩部分在于，观察不确定性是如何引发改变的。发放奖励的概率只有50%时，多巴胺的释放量却增加了一倍！当发放奖励的概率只有25%或75%时，多巴胺的释放水平相同——大约介于50%的概率和每次都得到奖励二者之间。

当你策划项目计划和客户购买体验时，想想这一点：它决定了整个购买体验。

本书有几章专门介绍这一过程。正如你将看到的，期望决定多巴胺水平，而多巴胺负值水平对品牌来说是可怕的。如果你用大量的预期炒作一次体验，而交付却没有达到预期效果，你将会

多巴胺增长的不确定性

50%的概率
有奖励

25%或75%
的概率有奖励

每次
有奖励

体验的快乐来自于对回报的期待，而不是回报本身。

得到负值多巴胺和愤怒的顾客。相反，当交付超过预期水平时，会让顾客产生额外的多巴胺（即充满惊喜的顾客，这一点将在第 2 部分专门章节中讲述）。

想想使用自动售货机买零食的例子吧。你期望购买一件物品，然后收到一件物品。这种情况下释放的多巴胺并不多。你是否有过获得红利的经历，获得两件物品，却只付出了一件的价钱？哇！这样会产生额外的多巴胺。如果你付了钱，机器却卡住了，你要买的东西掉不下来，那怎么办？这样会产生负值多巴胺。

赠送人们感到犹豫不决的商品的免费样品（你知道这款商品很棒），这是对互惠行为和预期释放多巴胺的双重促进。

镜像神经元

关于我们的大脑，另一个需要了解的重要方面是我们学习和与他人共情的方式：镜像神经元。当然，科学家早就知道我们是通过观察学习的，并且，我们对素不相识的人有同理心，但直到 20 世纪 90 年代初镜像神经元被发现，他们才真正了解这种现象的原因。

让我给你讲个故事……

很久以前，有一天特别炎热，意大利帕尔马大学的实验室里有只猴子，科学家放置了一些电极来测试猴子的运动控制情况，当它抓起杯子（或花生）喝水（或吃花生）时，科学家观察猴子大脑的哪些区域会发光。这个实验可以让科学家们了解大脑在各种运动控制中的反应，以及猴子抓起杯子、木块或花生时的反应是否不同。

据报道，在这决定性的一天，一名研究人员吃着冰淇淋蛋筒走进来。猴子没有动。但从外面看，所有人都注意到，猴子的眼睛因感兴趣而睁大了，但大脑却在阐述一个不同的故事。猴子的大脑亮了起来，就好像它自己在吃冰淇淋一样！

进一步的研究发现，当一个人抓起花生递给猴子时，猴子的大脑会亮起，就好像它在抓花生一样。如果研究人员把花生放进自己的嘴里……猴子的大脑也会亮起来，好像它也在吃花生一样！即使没有动作发生，大脑也会"体验"别人正在做的任务，就好像它自己真的在做同样的事情一样。

这使得研究小组意外地发现了镜像神经元，相关研究首次发表于20世纪90年代。像猴子一样，我们人类也有镜像神经元，它们塑造了我们的存在。

镜像神经元帮助我们通过观察来学习：

- 孩子看着大人打开罐子，他们也可以学会如何打开罐子
- 教导芭蕾舞演员学习猫跳（pas de chat），实际他们也可以在观察中习得
- 公众演讲者可以观看其他人的演讲，并从中学习演讲

的技巧。

所有这些都可以在不与任何人交谈的情况下完成，当你想到这一点时，你会感到惊讶。没有镜像神经元，我们所知道的生命就不可能存在。

第一个发现火的人大概是偶然发现的。我非常怀疑他们在成功之前，是否经历了一个尝试和犯错的过程。那么，其他所有人类是如何快速模仿并自己做这件事的呢？

没错，镜像神经元。

人类通过镜像神经元学会狩猎、采集、耕种、建造家园以及掌握我们每天使用的所有技能。当一个人学会做某件事时，这个物种的集体智慧增长得非常快，因为其他人可以进行观察，并让他们的大脑表现得好像他们以前做过一样。这些经验就像野火一样传播开来。

让我们重温镜像神经元是如何工作的。我们每个人的大脑中都有 1000 亿个神经元，每个神经元都与其他神经元有 1000 ~ 1 万个联系，从而形成关联。

镜像神经元位于大脑的额叶。大脑前部也是我们普通运动控制神经元的所在地，当执行特定动作（抓起杯子、踢足球之类的动作）时，这些神经元就会启动。当我们体验到这些动作时，镜像神经元就会启动，但不是为了没有意义的手势动作。

更令人惊奇的是，在你的品牌战略执行过程中，意图很重要。在一项研究中，设置了三种不同的场景，被试可看到以下画面，有一只手拿起茶杯：

- 旁边有一盘饼干和一壶茶（模拟提起茶壶喝一口的动作）
- 散落的面包屑和凌乱的桌子（模拟清理的动作）
- 无背景（空白背景下的手和茶杯的动作）

当融入环境因素时，镜像神经元更活跃：它们对有明确目标的行动，会做出最佳反应。

它们还帮助我们理解他人的行为，并与他们产生共鸣。例如，当你看到他人被另一个人用类似羽毛掸子这样的物体触碰右前臂时，你的大脑就会做出反应，就像你被同样的方式触碰了右前臂一样。

正如维拉亚努尔·拉玛钱德朗（Vilayanur Ramachandran）在他的 TED 演讲中所解释的那样，你大脑中的疼痛和触觉感受器足够聪明，可以告诉你的大脑，"别担心，没人在触摸我们，我们只是在移情而已"，这让你无法靠凭空想象体验它。即使你的手臂被麻醉，你仍然可以体验和"感觉"到触摸！

真是不可思议，但这是真的。这都要感谢镜像神经元。

是的，这很吸引人。但你可能会想："在这本讨论如何将行为经济学应用到商业的书中，这一点很重要吗？"下面列举了一些应用场景：

- 让人们看到购买过程的视频，将使他们更容易产生购买行为
- 在 YouTube 视频的末尾，多花一秒钟的时间来显示光标点击"订阅"按钮，将大大增加订阅概率
- 网站图像中错误的面部表情，可能会触发错误的镜像

神经元和动作

- 品牌故事会触发镜像神经元，因此我们对其有不同的
  体验和分类

- 驱动行为时，周边环境很重要（记住茶杯的案例）

- 客户关系是一个恶性循环或良性循环：如果你发布消
  极内容，客户关系将更加消极；如果你展示积极的内
  容，客户关系也会更积极

词语选择、品牌形象以及员工的态度都会影响到人们对你公司的看法以及他人与你的互动方式。即使他们没有意识到这一点，也无法在调查中清晰地表达出来，但这都会影响他们对你和你业务的理解。你会发现"一切都很重要"是贯穿本书始终的主题。不管你是否思考过选择的含义，它们都始终会影响员工、同事和客户的行为。现在让你塑造最好体验的机会来了，我的问题是，你为什么不去做呢？

偏执的大脑

在开始讨论相关概念之前，承认我们大脑中存在偏差是很重要的。人们往往渴望有一个完全公正的观点。但当涉及人脑时，最重要的是要知道，我们所有人都存在偏差。所有人。

潜意识大脑的经验法则是基于过去的经验和偏差的。潜意识总是存在的。虽然你不能消除它们，但理解它们可以让一切变得更顺利。我们大脑中的偏差，让每个人都相信他们自己比其他人更好、更聪明、更迅速。

"每个人都认为自己品位非凡、风趣幽默，但不可能所有人都有很好的品位。"

——《当哈利遇到莎莉》（*When Harry Met Sally*），卡丽·费舍尔（Caffie Fisher）扮演的玛丽

我们的大脑真的是自我世界的中心，天生相信我们自己了不起。当你想到自己的大脑一直在做以下事情时，请记住，你的同事、家人、客户、潜在客户和你过去的自我都在做同样的事——都认为自己今天比昨天更好。我们的大脑天生相信：

- 与其他人不同，我看到的是真实的现实；我客观公正（天真的现实主义）
- 我比其他人更好，更可能成功（乐观偏差）
- 大多数人都同意我——沉默等于同意，对吧（虚假共识效应）
- 我比别人更了解我自己（不对称洞察力的错觉）
- 我是透明的；不用解释，每个人都应该知道我的动机和背景（透明的错觉）
- 我与其他人不同，我需要定制的解决方案（虚假的唯一性偏差）
- 但是……面对占星术时，我能从泛泛的表述中看到自己，并认为"这说的就是我啊！"（福勒效应、巴努姆效应、占星术效应、算命现象）
- 如果我不穿上我的幸运袜，我的球队就会失败（控制

错觉）

- 我比其他人更能抵御诱惑，让广告放马过来吧（乐观
  主义偏差、过度自信效应）
- 人都是可以预测的，但我更善于变化（特质归属偏
  差）
- 我会称霸那个游戏项目（过度自信效应）
- 这是一个非常明智的选择，我一直都这么认为（选择
  支持偏差、有效性错觉）

行为经济学告诉我们，虽然我们并不完全相同，但我们是可以预测的。同样重要的是，要知道，正因为你看不到其他人的所有方面，所以你也并非那个在二维世界中行走的三维生物。当然，如果你知道了，其他人也把你看作二维生物，你该如何改变你们之间的对话呢？

第4章 如何使用本书

本书旨在帮助商业领域中负责品牌创建、品牌调整的人士取得更高的业绩。不管你是全球性公司的首席营销官、负责产品开发和设计的从业人员、制定定价策略的负责人，还是一位身兼所有这些职位的小企业老板，本书都适合你。

如果你已经做好准备，要将你的商业头脑提升到一个新的水平，那么你就来对了。这本书将帮助你，把对心理学和大脑的兴趣以及你天生的好奇心，转化为经营利益。

在你翻阅本书时，如果你已经有了需要帮助的产品或服务，那就太好了！前进过程中要记住这一点，不要被你在前进途中所想的那些"问题"束缚住了。本书的目的是帮助你找到之前隐藏的机会。

本书被精心策划成四个部分，分别按特定顺序呈现：

1. 第一部分有助于你以不同的方式来看待你的大脑——了解它是如何工作、如何乐于学习的。

2. 第二部分专门介绍了商业领域最实用的概念。从100

多个概念中挑选出来的基础概念，易于让你理解。这些章节都很短，便于查阅参考。这本书不是用来束之高阁的。我写作的目的是，在你将行为经济学付诸实践时，本书能发挥积极作用。因此，能够轻松方便地查找到概念，这一点非常重要。每章的结尾都包括一个提示或活动，让你开始应用这个概念，这就像我对待自己的客户一样。而且需要学习的内容很多，如果你们想更深入地挖掘某些特定概念，可以到我的播客"聪明的商业"中查找相应信息。注意：在 thebrainybusiness. com/ApplyIt 网站上有免费的 PDF 资料，可供你反复练习。

3. 第 3 部分以前面介绍的概念为基础，展示如何以各种方式将其加以组合运用，为企业带来难以置信的成果。每章结尾都有一个概念列表，所以你在进行应用时，可以很便捷地引用这些概念（同样，你可以在学习过程中使用免费的 PDF 资料来强化你所学的内容）。

4. 第四部分将使本书读起来更有趣。它将分享一些存在于你大脑中的、让你有安全感的偏差和骗局。它将为你提供工具和信心，使你能够将在这里学到的知识应用到业务中，而不会陷入困境。

在开始讨论这些概念之前，需要介绍一些入门知识（第 4 部分将重温这些内容），让你的大脑为应用做好准备。为什么在这两个地方反复提及？有几个原因：

1. 正如你将在"启动"一章中所学到的，为大脑正确地设置阶段是很重要的。给你一个最终应用的提示，将帮助你边前进边思考，增加成功的可能性。

2. 理想情况下，你会对自己在本书中学到的东西感到非常兴奋，以至于还没有学完，你就迫不及待地想分享其中的一些东西。从一开始就知道如何确保这些对话是富有成效的，这对于保持学习的热情很重要（同时也增加了成功的可能性）。

3. 由于熟悉度偏差，当提示再次呈现给你时，你会更容易接受提示，以增加成功的可能性。

所以，为了你的成功，在开始讨论概念之前，我们先来谈谈最后几点想法。

挑战现状

因为潜意识是懒惰的，它依靠自己的经验法则（本章和本书中的概念）来做决定。如果听之任之，你的大脑将越来越处于自动驾驶状态，享受现状并与威胁惯例的一切进行斗争。

但是，你是一名学习者——一个渴望成长、改变和挑战现状的人。

行为经济学的观点很快就会成为常识。毕竟，彭博社将"行为科学家"列为21世纪10年代的头号职业，但就目前而言，和你公司的人进行这些对话——说服他们尝试这些概念——可能会违背他们自己的大脑偏差。

以下是我的三个小提示，来帮助你克服这些偏颇的大脑障碍：

1. 帮助每个人了解，他们其实有同样的偏见，变个人偏差为团队偏差。

2. 提供背景信息（可能来自本书）来说明我们的相似性，即使在不同意对方的观点时，我们也可能都是对的。

3. 利用问题的力量展开对话。

我们怎么可能都是对的

回想一下，潜意识每秒可以处理 1100 万比特的信息，而意识大脑只能处理 40 比特。当冲突出现时，考虑一下：每有一条信息通过过滤到达你的意识大脑，你的潜意识就标记了其他 275000 件不重要或关系不密切的事情。

难道他们的大脑过滤器不可能选择其他 275000 种东西中的一种吗？

当你将解决问题当作一个用不同方式思考的机会——并且知道，即使你们意见不同，你们可能也都是对的——将使你更有可能找到更有趣的解决方案和机会。正如罗里·萨瑟兰（Rory Sutherland）在《创意有魔力》（*Alchemy*）中所说："一个好主意的反面仍然可以是一个好主意。"

利用问题的力量

我的客户不止一次听我说过："找到错误问题的正确答案是很容易的。"

想想你公司的一个项目——不论大项目、小项目、新项目还是以往的项目。在进入解决问题模式之前，你花了多长时间来思考这个问题？

回想一下前面提到的那些大脑偏差。如果你天生认为自己比实际上的自己更了解别人，更直观，更敏锐，偏差更少，更善于解决问题……你是否可能在了解需要解决的真正问题之前，就进入到回答问题模式？

爱因斯坦曾说过，如果给他一个小时去解决一个问题，他会花55分钟思考这个问题，而只用5分钟来解决问题。

我猜想，你思考问题和解决问题的用时比率远没有达到这个水平。你是否只花了5分钟的时间来确定问题？

头脑风暴是促成过早解决难题的罪魁祸首之一。它完全是从我们需要做的事情向后构建的，是不利于我们大脑的工作方式。客户经常问我这样的问题，"我们如何才能创造完美的购买体验？"或者"如何让人们选择我，而不是选择我的竞争对手？"

头脑风暴会迫使一群人抛出"问题"的可能解决方案。但是，由于没有人想与大众唱反调，抛出一个可能被证明是错误的答案，以致于看起来很愚蠢，或者如果他们分享想法，可能会被迫承担另一个项目……因此，许多好主意永远只会驻留在大脑中。

更好的方法是提问风暴（我和我的客户经常一起使用）。它是由"正确问题研究所"发起的，我是在我最喜欢的书——沃伦·伯杰（Warren Berger）所著的《一个更美丽的问题》（*A More Beautiful Question*）——中第一次了解到它的。

我们不会在这里讨论整个过程，但我想让你们看看，问题是如何让你们的头脑变得开放，接受机会和可能性的。提问并不是从一个假设问题开始，比如"我们如何才能创造完美的购买体验"，然后产生大量的解决方案，相反，提问是从对真实问题的好奇心开始的。

如果我们把它变成一句话，比如"有一个完美的购买体验"，我们现在可以用问题来反驳这个假设：

- 什么是完美？
- 适合谁？
- 什么是购买体验？
- 完美是否会从一次体验转移到下一次体验？
- 人们真的想要或需要"完美"吗？

等等诸如此类的问题。在不到半个小时的时间里，我带领他们完成了这个练习，团队提出了 100 多个问题进行反思。这样就形成了一个更好的项目工作范畴——明确现在最重要的是什么，哪些不属于项目工作内容——这样每个人都会对工作方向感到满意。

你知道了问题所在，就可以着手去解决了。并且，尽管受到了限制，但我们的大脑是天生的提问者。如果你对此有所怀疑，我可要把一个四岁的孩子送到你家待上一两个小时。

好奇心杀不了猫。

你是否知道我们常说的那句话还有下半句？人们常常顺嘴就忘了。这句话更多的是警告人们不要以片面的形式来提问和学习，完整的谚语实际上是："好奇心害死了猫，满足感把它带回来了。"

适当运用好奇心，可以提振和改变事件的进程。充满好奇心吧。去挑战你的大脑对现状的满足和对事物运作的偏差吧。敞开心扉去了解你自己的潜意识里到底发生了什么，这样你才能更好地理解别人。这个简单的转变将帮助你更好地与同事、客户和其他人沟通。

"聪明的商业"播客每一集结尾，我都会说："再次感谢你和我一起聆听和学习，记住，要深思熟虑。"

短语"深思熟虑"（BE thoughtful）有多个方面的含义。首先，BE 是行为经济学的首字母缩写。"深思熟虑"的概念也不仅仅是表面上的。

它意味着：要认识到一切都很重要；正如我之前提到的迪士尼品牌，重要的是，要考虑幕后可能发生的事情。这也意味着，要停下来思考和深入挖掘，来找到更多的答案，而不是追求显而易见的答案。要思考某人的潜意识可能会注意到什么，如何取悦它，让此人逐渐爱上你的品牌。

深思熟虑也适用于开放你自己的大脑。要经常性地询问原因，思考如何以一种不同于你所想象的方式工作。不要认为事情都是理所当然的，也不要假设你提出的第一个问题是正确的或唯一需要思考的问题。是否还有其他有待发现的问题呢？

花点时间阅读本书每个章节，这需要深思熟虑。也许你会一遍又一遍地翻阅，也许你会调整自己的节奏。无论你选择怎样阅读本书，它现在都是你的正确选择。

准备好用行为经济学改变你的生活和事业了吗？那我们开始吧。

别忘了下载免费的 PDF 资料，里面包含了扩展提示和活动。
下载地址：thebrainybusiness. com/ApplyIt

WHAT YOUR
CUSTOMER
WANTS
AND CAN'T TELL YOU

第 2 部分

概念介绍

第5章 框 架

今晚是意大利面之夜。你发现只有酱汁没有肉了，于是你赶紧跑到商店。这里并排摆放着两堆牛肉肉馅：

哪种牛肉更吸引你呢？

你会选择哪一个？

如果你和世界上大多数人一样，你会选 90% 无脂肪的那一种。为什么呢？任何有逻辑（或反应迅速）的人都会意识到："这说的是同样的东西啊！"

即使含 10% 脂肪的牛肉更便宜，也很难说服你的大脑去购买，因为在潜意识里，它听起来更糟糕。

不论什么情形，人们都会买最好的东西吗？当然不是！我们的大脑会欺骗我们，让我们根据它们接收信息的方式，认为某件事是更好的选择或更好的交易。

如果把一幅漂亮的画放在一个糟糕的画框里，这会对你的体验和欣赏艺术作品本身的能力产生什么影响？如果你拿了一个孩子的作品，把它装裱得很漂亮会怎么样？

为什么画作周围有一个小小的框架就会有所不同？

这是因为潜意识的大脑正在非常迅速地评估每一件事，并使用假设来做出决定（就像它对其他事情所做的那样）。高质量的画框或良好的美学细节意味着，它一定是更高质量的作品。

同样，我们的大脑总是通过词、短语或数字的呈现方式来下判断。说什么不如你怎么说来得更重要。

2017 年，我和丈夫离开西雅图，我的一项重要任务就是找到一家新的美甲沙龙。我丈夫的同事不断推荐同一家店，但我花了一段时间才说服自己进去。为什么？

他们店正面有一个巨大的黄色标牌，上面写着"被南方之声评为最佳——2009 年、2010 年、2011 年"。

这个过时标牌的问题在于，它向潜意识发送了一个负面信息。即使你没有在意识层面注意到这一点，但在 2017 年看到这条信息，也不会让你产生"哇！他们一定很棒"的想法，你会想，"嗯，我想知道，是什么原因让他们在过去六年里每况愈下的呢"。

止步于 2011 年的原因可能是合理的——也许做排名的机构不再做这项活动了。但你仍觉得不够，所以你认为宣传时应指出来。但是，你需要的是一个新标牌，防止它一旦过了某个时点，就变得陈旧过时和消极。

与其列出具体年份，不如简单地说，"连续三年被南方之声评为最佳"。

这只是一个微小的变化，但新的框架使结果大相径庭。连续三年可能是任何时候，但这并不重要。潜意识的大脑对它没有太多的理解。它看到的是成就的本来面目，时间也就不成问题了。

有一件事很重要，那就是背景。假设史蒂夫和萨利今天的银行账户上都有 500 万美元。如果你向他们推销，你可以把他们看作是同一类客户，对吧？

如果我告诉你，昨天史蒂夫有 100 万，萨利有 1000 万呢？这会改变你的推销策略吗？

他们对账户中的 500 万美元有不同的想法吗？史蒂夫可能对自己的财富感到欣喜若狂，而萨利则对自己的损失感到心烦意乱（更多关于损失规避的内容见第 9 章）。他们故事和经历的框架塑造了他们各自生活的世界。无论何时，当你确定一个消息的框架时，重要的是尽可能多地考虑和理解事件背景环境。

语言很重要

在某次旅行中，我和丈夫走过一家名为"AVG 日托"（AVG DAY CARE）的托儿所，AVG 取"普通"（average）日托之意。平平常常的状态，就像是："嗯……我们就是刚刚好的水平。"

我的问题是，为什么要取这个名字？

这样做的结果是，你为自己的业务创建了一个无法撤销的完整框架。人们永远不会想给你更多的钱。人们会认为，你就是大众化的、平庸的——你没有付出额外努力。谁愿意在一个照顾孩子和教育孩子的地方看到这些呢？即使他们是想幽默，这也不是一个好方法。

假设我决定在隔壁开一家托儿所，我会把机构取名为"有史以来最好的托儿所"或"A＋托儿所"或"小天才托儿所"或"超出平均水平的托儿所"——说实话，我选择的任何名字都会比他们的更好，因为我有一个更好的框架。

把有着更好框架的我的公司，放在他们糟糕的业务旁边，将有助于提高我的销售额（见第 8 章）。他们选择了不好的名称，这将有助于我获得更多生意。他们也许有更多经验，费用也更低，但这并不重要。只要这个机构一直存在，这种糟糕的框架设计（取一个不好名称的决定）将对他们的业务产生负面影响。如果你有类似的糟糕框架，我劝你尽快改变。

房地产中介就非常擅长用词，往往选择一些好的词汇来描述那些可能被视为负面的东西，让人觉得是件好事。在我们的大脑里，"舒适"比"小"感觉要好得多，"迷人"比"老"更具吸引力。

"一定要看看这所舒适迷人的房子的内部，有足够的面积可供对乡村生活感兴趣的人们使用。"

这比下面的说法好多了："是的，这房子（离哪儿都远，不得不开车上班）外观非常难看……而且房子很小，很旧，没有隐私，因为房子周边没有树。"（更多信息，请参阅第 6 章"启动"。）

在许多情形下，描述中的所用到的形容词都可以被看作是框架。当某样东西被描述为"全天然""有机"或"田间地头直达"时，你会认为它更好。问题是，它的真实含义或不同之处是什么，还是说这只是名字或口号？

拿 Simply Orange 果汁来说吧。唐纳德·萨瑟兰（Donald Sutherland）解释说，这种产品除了橙子，其他什么都不含，果汁从不产自浓缩液。旁边瓶子里的那些果汁呢？它们可能使用完全相同的工艺，但你并不确定。你会认为，Simply Orange 比Tropicana 或其他品牌更注重取材，但实际并不一定。如果你总是吹嘘自己的做法——即使其他人也这么做——但给客户大脑的暗示是，无论实际情况如何，你都是最好的。

这就是框架———一旦有人提出了一个主张（即使每个竞争对手都有资格提出），它就变成了他的"专利"。其他人都是次等的，如果他们也想这么说，要么会让自己看起来很傻，要么会让人想起排第一位的品牌。

数字的力量

如果环顾四周，你在几乎所有的广告中都能看到数字——"4/5 的牙医同意"或"杀死 99.9% 的细菌"或"95% 的人会向朋友推荐"或"87% 的女性在六周内看到结果，99% 的女性在六个月内看到结果"。

一旦你有意识寻找，你会看到数字无处不在。低至 ×× 的油耗、脂肪含量的百分比、100% 全谷物、使呼吸清新三倍、两倍的清洁能力……我想你已经明白了。

为什么你以前没有注意到数字的巨大使用量？这是因为，当给定这些数字时，你的潜意识可以很容易地做出选择。数字有助于帮助你的大脑评估事物并进行比较，在不影响你意识的情况下帮你做出决策。记住，99% 的决定都是下意识的。你要么让大脑进入容易模式，这样它就可以随波逐流，要么让大脑进入困难模式，并诱导意识空间的转变……这是缓慢的，更可能很快被淹没。

第一步是在你的生意中寻找数字。你需要掌握相关数据。然后，尽可能采取多种方法来谈论它们，看看哪些方法最吸引人。

有一次，我推荐一位客户寻找一个数据，比如"87% 的客户续签了合同"。

挖掘了数据之后，她向我展示了他们想在网站和其他材料上发布的最终数据："78% 的顾客成了回头客。"

虽然格式与我最初的建议相同，但感觉不同。所以，我建议换个框架。我们把它改为"4/5 的顾客成了回头客"，这样是不是感觉更好？

你可能会想知道，为什么一个推荐的是百分比，而另一个则不建议使用百分比。原因是：87% 是一个很高的百分比，它很容易凑到90%（在某些情况下甚至是100%）。大脑认为它很高，但78% 只能凑到80%，这听起来要低得多。而且，回顾我们上学时，78 分是 C 等级，可能接近失败，取决于各个学校的评判标准。它在大脑中有消极含义。你也可以把这个数字表示为 8/10，但对于任何分数，你都要约分——这就是 4/5，这听起来比78%，甚至 80% 要好得多，尽管说的是差不多的事情。

> 这些意思都一样，为什么给人感觉不一样呢？
> 78% 的人再次向我们购买
> 8/10 的人再次向我们购买
> 4/5 的人再次向我们购买
> 大多数人再次向我们购买
> 1/5 的人不是回头客
> **这就是框架设定问题。**

在你的生意中，有很多方法来呈现信息，你不必限于严格的数字范围内："超过一半" 听起来比 51% 好，"大多数" 听起来比 60% 好。

记住，框架是双向的。要考虑每个语句的反面效应（因为，即使潜意识可能忽略它，它仍有可能从各个角度来反映你的信息）。例如，87% 的女性能看到结果，意味着有 13% 的女性没有看到。

使用行话的框架不够好

我的另一位客户是一家金融机构，他们正为自己的活期存款业务而兴奋着。他们来找我帮他们传递这一信息，计划给所有的广告牌打上标语 "最高 25000 美元，年收益率 1.26%"。

对大多数人来说（即使是那些喜欢数字的人），大脑会屏蔽这个信息，而不会真正理解它所说的内容——特别是在 60 英里/小时车速的情况下。所以我建议他们改变框架，转换要传递的信息。这个广告的主题是 "你的活期账户去年带给你 315 美元了吗"，结果他们的活期账户客户数量环比增长了60%。

当然，如果你用25000美元乘以1.26%计算年收益，你会得到315美元这个数据，但是你的大脑不会轻易去做这个计算。懒惰的潜意识会说，"以后再算吧"，实际上你会因为缺乏足够的兴趣而不会去计算。

在为产品选择框架之前，花点时间看看符合你信息要求的所有可能框架——不要只是轻易选择了你所找到的第一个统计数据。

应用框架原理

记住：表达方式比表达内容要重要得多。

自我尝试：在你的生意中找出一个数字，看看所有不同的展示方式。尝试用小数、百分比、分数和口头表达用语。回过头看看每种表达方式的反面含义是什么。哪种方式听起来最好？哪些听起来很糟糕？你客户的参考框架是否会影响他们解释数字的方式？

你有现成的数字吗？现在就试试吧：300人中，有256人会把你的产品推荐给朋友或家人。把这个数据写成：

积极百分数：_____

消极百分数：_____

积极分数：_____

消极分数：_____

积极的口头表达用语：_____

消极的口头表达用语：_____

其他：_____

更多关于框架的内容

在以下章节中可以再次找到框架的相关内容：第 21 ~ 24 章，第 26 章。

在我看来，框架是行为经济学中最重要的概念之一（这就是为什么它出现在第 2 部分的开始章节，并在第 3 部分中出现多次！）。它也经常出现在"聪明的商业"播客中，并有两集专门讨论：

- （第 16 集）框架：你的表达方式比表达内容更重要。本期节目深入探讨了什么是框架，以及如何在商业中应用框架。
- （第 17 集）开启数字的力量。你是否想过，为什么价格的尾数是 5、7、9 或 0？这一集解释了定价的关键、如何选择定价，以及为什么这么定价！

第6章 启 动

WHAT YOUR
CUSTOMER
WANTS
AND CAN'T TELL YOU

　　我发现，体验一个概念是理解它（并最终使用它）的最好方式。开篇之际，请读一读下面的诗：

> 行为经济学的概念分享最多（most），
> 在"聪明的商业"播客，我是主持人（host）。
> 开车前往海边（coast），请在车里收听。
> 学习许多新概念；在社交媒体上发布分享（post）。
> 喂，你在烤面包机（toaster）里放了什么？

　　我猜，你之前已经见过这样的把戏了！——你也许在想，"你骗不了我！我知道你想让我说吐司（toast），但真正的答案是面包（bread）"（或百吉饼或其他）。

　　事情是这样的：你在意识层面上知道正确的答案是面包，但你仍然需要提醒自己"不要说吐司"，因为你的潜意识已经准备好给出押韵的答案（toast）。你的自主意识大脑知道这是错误的，你可能已经阻止了自己大声说出"吐司"……但你无法阻止自己的大脑将"吐司"作为第一个自动反应。

人类的大脑不断受到这种影响。不仅仅是押韵，影响因素还可以是图像、词汇、气味、声音、数字（见第 7 章），等等。针对各个类别，我们举了一些例子，来帮助你了解我们的大脑到底有多容易受到影响。

视觉因素

挑一个墙上或窗外的点——或盯着这页上的一个词语——看五秒钟。

如果我告诉你，当你专注于这一点时，你的眼睛实际扫描了周围环境大约 15 次呢？

我们没有意识到这一点，但我们的眼睛在不断地移动（平均每秒三次），检查环境中是否存在威胁因素。如果没有值得注意的事情发生，就不会有警报发送到你的自主意识大脑中，因为它们不是必须知道的信息，但这并不意味着传入的信息不会影响你的行为。

这就是"启动"发生作用的原因。所以那些说"从不注意社交媒体上的广告"或"不看商业广告"的人是完全错误的。

想象一下，你坐在等候室里，翻阅一本杂志，直到被叫到名字。你并没有注意到，那本杂志的版面中混入了一些虚构公司的虚假广告。在接下来的研究中，与那些没有看过虚假广告的人相比，你更容易选择那个假冒品牌（你不记得看到过它的广告）。

有些信息没有激发起自主意识，但大脑始终在吸收和评估所有周围事务。当大脑想要分心的时候，或者有什么诱人的东西突然出现，你就注意到了。

你的时钟上是否有一个特别时间，你总是觉得抬起头来，发现又到了那个时间？对许多人来说，这个时间是 11:11，或者 12:34，又或者 5:55。你有没有想过，为什么你会碰巧在那个完美的时刻抬起头来？这似乎像是某种更高意义的信号，但事实上，在眼睛持续扫描的过程中，你的眼睛数百或数千次注意到了时钟，但在潜意识中忽略了它们。而其他随机时间并没有重要到在自主意识大脑中留下标记。这也是为什么在买了一辆绿色汽车后，你到处都能看到绿色汽车。绿色汽车总是在那里；你的潜意识使用自身规则进行评估，给出反应，你没有理由把自主意识大脑的 40 比特处理能力浪费在这上面（除非大脑意识到，绿色汽车或时钟上的特定时间是重要的）。

> 景象发生在眼睛里，但想象发生在头脑中。

如果我们的眼睛不断地扫描周围环境，为什么我们不会看到模糊的大斑点呢？因为，当视觉信息（占我们身体感受器接收信息总数的 70%）出现在视野中时，大脑中会出现想象。

我们进化了，所以我们可以专注于某件事，同时不断扫视周边环境来寻找威胁或潜在刺激。扫视是翻书这样的行为起作用的原因——我们的大脑将一系列基本上静止的图像编织在一起，并将丢失的片段连接起来，创造出稳定的运动流。它可以预测所缺少的东西，使其看起来和感觉像是恒定的。很酷，对吧？

这也是为什么我们更喜欢现状的原因：大脑的工作是保护你的安全，并根据现有规则尽可能多地进行评估。可预测性和效率是相辅相成的。即使你（或你的客户）没有意识到某个物体或图像，它仍然会影响人的行为。

原因在包里

你被分配到一个新项目，并进入一个房间与团队会面。每个人都坐着，当你开始讨论手头的任务时，事情会让人感觉非常烦躁。为什么每个人都如此抗拒和难以打交道？你判断出来：你的新同事在隐瞒信息，你担心这会破坏项目。为了安全起见，你也把自己的好主意藏在笔记本里，避免分享，而这些暗算他人的混蛋都不会因为你的努力工作而得到赞扬。

如果我告诉你们，那个房间里有某种东西让你们对同事表现得更具侵略性和对抗性呢？如果你得知影响参会人行为的因素是一个简单的公文包（你可能根本没有注意到），你会感到惊讶吗？如果你被分配到背包组就好了。没有人会有意识地注意到用什么包，但一项特别的研究发现，背包组比公文包组的团队更容易合作。

在另一项研究中，当学生在视频中看到苹果公司标志时（只有 30 毫秒，所以自主意识大脑难以注意到），他们在任务中的创造力要比看到 IBM 标志时更强。同样，那些看到迪士尼标志的人在随后的测试中比那些看到字母 E 图标的人更诚实！

一幅画抵得上千言万语，但（正如你在本书第 1 部分中所学到的）一个强大的品牌是由 100 万个记忆支撑的。

气味

成年人类可以利用 4000 万个嗅觉受体神经元辨别出大约 1 万种独特的气味。和视觉一样，我们的嗅觉也在进化，来帮助我们这个物种生存下去。捕食者很难闻，而猎物（也被称为食物）闻起来很香。自然界里出现的能伤害我们的东西，很可能都有一种我们不喜欢的气味，它能快速提醒大脑尽快"离开那里！"。由于直接进入大脑边缘系统，某些气味会引发争斗或逃跑，有一些气味则会唤起生动的记忆，还有另一些气味会让你流口水。

视觉占据了 70% 的感官知觉，而气味则更直接地与记忆联系在一起——二者的联系更加紧密。12 个月后，人们仍能以 65% 的准确率记住气味及其相关记忆，而仅仅 4 个月后，视觉回忆的准确率便只剩 50%。

气味与情感有直接的联系，这与购买行为直接相关。这是许多大品牌都有带气味的标识的原因之一。

如果你不从事市场营销，你可能不会意识到，气味与你喜爱的品牌紧密联系在一起并非偶然。像 Scent Air 这样的公司，帮助不同的企业——从餐馆到赌场——定制它们的独特香味，经验证，这样能使零售额提高 11%，食品质量满意度提高 8%，顾客满意度提高 20%。

气味的作用之大让人难以置信。例如：

- 当空气中有清洁产品的微弱气味时，被试（在吃了一顿面包屑点心后）清除面包屑的可能性是其他情况下

的三倍

- 当餐厅中有柠檬味时,食客点海鲜的可能性更大
- 人们在气味宜人的赌场里参与赌博的次数增加了 45%
- 在试穿鞋子时,84% 的人认为,在有花香的房间里穿的鞋子要比在没有花香的房间里穿的鞋子要好(估价高出 10 美元左右)
- 一家便利店将咖啡气味吹送到加油站附近,咖啡销售额增长了 300%

我们的大脑倾向于将我们自己的情绪与气味赋予我们的感觉联系起来。如果你需要向陌生人问路,应该站在面包店而不是服装店前(他们会更愿意帮你)。或者喷上一种闻起来像烤饼干或咖啡的身体喷雾剂,同样可以激活陌生人乐于助人的慷慨精神。此外:

- 当被试的隔间内弥漫迷迭香精油时,他们会更快、更准确地执行信息处理任务
- 被试在接触花香后,解谜速度加快 17%
- 在做核磁共振检查前快速闻一下香草味精油,63% 的患者会降低焦虑感

真臭

没有什么能比空气中的臭味更快地扼杀一段本应愉快的经历。想一想:你有没有走进过有味道的酒店房间?闻起来像烟味?霉菌?还是樟脑球?我想我们都有过(顺便问一句,听到这些话时,你有没有皱起鼻子?)。

让我们再试一次："真恶心，空气中弥漫着发霉和樟脑球的臭味。"

这就是气味的力量，即使你闻不到！

酒店房间内外再豪华的家具或再壮观的景色，也无法克服死鱼气味带来的不好体验。就像爆米花烧焦的气味会让整个办公室的人一整天都无法工作一样，错误的气味也会使你的客户减少购买行为，让他们的体验更糟糕。

声音

声音可以触发不同的情绪状态，进而影响行为。

比如说，你经营一家餐厅——你应该播放快节奏、欢快的音乐还是慢节奏的音乐？这取决于你的目标。如果你的目标是增加桌子的周转率（小单子），快节奏的音乐就能奏效。相反，如果你希望每个订单的金额更高，慢节奏的音乐会鼓励顾客逗留时间更长、消费更多（开胃菜、饮料、甜点）。了解了商业模式，你就更容易采取正确的举措。

慢音乐影响的不仅仅是就餐行为。慢音乐每分钟节拍更少，购物体验更悠闲，杂货店和零售店也更能从中受益。逗留的时间越长，意味着购买的物品越多，购物冲动越大。

对了，不要让员工去选择音乐。虽然他们可能不喜欢店里的音乐，但当音乐与品牌协调一致时，顾客逗留时间会增加 22 分钟（购买量也会相应增加）。

熟悉的音乐呢？顾客认为，置身于熟悉的音乐环境下，他们购物的时间更长——实际上，调查显示接触到不熟悉的音乐时，他们购物的时间更长。

那音乐的类型呢？在杂货店播放法国音乐，顾客尝试法国葡萄酒的可能性更高。这已经超出了消耗品的范畴。正如卷尾猴行为科学联合创始人帕特里克·法根告诉我的，他在 2014 年做了一项研究：背景噪音影响了人们在 eBay 上的购买行为。那些喜欢听流行音乐和对话栏目（足球评论、经济报道）的人更有可能做出更好的购买行为，而听古典音乐的人则会对物品质量高估 5%。其他分散注意力的噪音（餐馆里的闲聊、婴儿的哭闹）会让人们心情更糟，并对他们的选择产生负面影响。

触碰

仅仅是触摸物品的行为，就会极大地增加人们对该物品的拥有感——然后大脑就不想放弃它，从而引发损失规避（见第 9 章）。

而且，因为潜意识天生就是要寻找奖励的，所以你的大脑总是想让你伸出手去接触物品。

你是否曾经路过一家商店，看到一件看起来很舒适的毛衣、柔软的毯子或其他物品，觉得有必要去摸摸它？你来市场可能不是为了买一个新沙发套，但它看起来很柔软舒适。它是否像我想象的那么软呢？哦……太好了！在你意识到这一点之前，你已经为自己和你的每个朋友或家人准备了一份礼物，因为你想把这件礼物——这种感觉——送给别人。

你能看到并触摸到包装里的商品，这并非巧合。例如，玩具盒子外面有个大箭头，有一个"按这里"或"试试这个"的信息。毛毯包装上本不需要设置开口来让你感受它的质地，但它们常常都留了一个口子。这些公司都很体贴地让你"购买前先试用"，因为它们知道触碰会增加购买量。

同样地，让人们在商店里试穿，也会大大增加他们购买的可能性。

这可能会引发你的疑问："在电商平台上，我怎么让顾客来亲身触摸物品呢?"在亚马逊或其他平台的在线广告中，触摸是否在人们能够实际触摸到相关物品之前就开始发挥作用?

当然了。这是未发生触摸行为的触摸力量。

让我们做个小测试。我希望你找一张皮沙发的图片。描述上写着"材质：皮革"，就这样放在网站上。

听起来有吸引力吗?你想摸摸沙发吗?你对它感兴趣吗?可能不会。

这样呢?"黄油般柔软的巧克力棕色皮革"?也许这会更激起你的兴趣。

精心挑选的词语可以触发你的感官中心，所以你的反应就像你在触摸它一样——激活了拥有感、损失规避，并增大了购买的可能性。

事情的真相是：触摸——无论是发生在你的手中或是仅仅出现在头脑中——都会影响销售。当一个人能够用身体触摸到某样东西时，影响是最大的。如果你无法让他们触摸到某样东西，那么，经过深思熟虑选择的词语、声音和图像也会产生很大的效果（别忘了镜像神经元的力量！他人体验产品的视频也会影响购买行为）。

你能拿着这个吗？

作为某项研究的一部分，被试在穿过校园时，意外地碰到了一个手里拿满东西的人——书、一个写字夹板、纸张——这些东西掉到了地上。"哎呀！非常抱歉。我得把这些东西捡起来，你能帮我拿一下吗？"这个人把一个咖啡杯，可能是热的，也可能是冰的，递给了被试，被试并不知道测试已经启动了。他们兴高采烈地去了实验室。他们的任务是读一个故事，并对他们读到的人给出反馈和评分。

你不会相信发生了什么。

在那些拿着冰咖啡的被试印象中，这个假想中的人比拿着热咖啡的被试印象中的更冷漠、更不爱社交，并且更自私。

完全不相关的场景影响了被试在任务中的反应。我想让你们从这个例子中理解的主要事情是，大脑以字面上的方式在概念之间建立联系。冷饮 = 双手冰冷 = 性格冷漠。

不管你在使用的是文字、图像还是气味，大脑都会产生这些语义联想。即使是像字体大小这样简单的东西，也可以产生影响（小字体 = 低价格）。

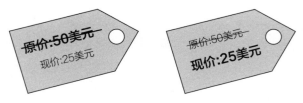

售价用大字体似乎合乎逻辑，但字体变小时，
其售价会让人感觉小（低）一些。

字体可以改变你对句子的感觉。在你的网站主页上，一个人喝冰咖啡的照片可能会鼓励潜在客户对你的报价反应冷淡。我一直在告诉我的客户，不管你是否提前考虑到，这些因素仍然可能左右你的潜在客户。在做决定之前，你难道不想考虑一下这个词语、图像或气味对大脑的影响，并确保它与你的品牌保持一致吗？

词语

一项著名的研究是，大学生们被要求解读三十句话，来测试他们的语言能力。一组读到的是中性的句子，另一组则收到了被认为描述老年人刻板印象的词汇：佛罗里达、老、灰、小心、多愁善感、明智、宾果游戏、健忘、退休、皱纹、古老、无助和谨慎。

完成测试后，主持人告诉他们搭乘电梯离开。另一个人坐在大厅里，看起来似乎是在等着和另一位教授讲话，但实际上他在用一个隐藏的秒表对参与者的步行速度进行计时。

猜猜他们发现了什么？

那组收到老年人刻板印象词汇的人，所花的时间更长！

本研究还对"粗鲁"和"礼貌"等启动词进行了测试。被试被要求进行单词拼读，然后来到大厅找到教授获取下一个任务。当他们到达那里时，教授正在与另一个"学生"（实际上也是工作人员，秒表在计时）进行对话，秒表记录了被试在打断对话获取下一个任务之前能等待多长时间。正如你可能已经猜到的，粗鲁组的人比控制组的人更不耐烦（控制组的人比礼貌组的人更不耐烦）。

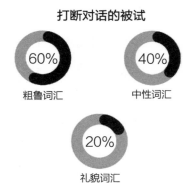

打断对话的被试

60% 粗鲁词汇

40% 中性词汇

20% 礼貌词汇

那些被给予粗鲁词汇的人打断别人对话的可能性更大。

下一个测试检测的是同一个人身上的两种相互竞争的特质。所有的参与者都是麻省理工学院的亚裔美国女大学生，SAT 成绩相似。她们被要求填写一份包含启动词的调查问卷。其中一组涉及性别（你的宿舍是男女混住还是分开住?），另一组涉及族裔（你的父母或祖父母会说英语以外的其他语言吗?）。两组均与控制组进行比较。

然后给她们 20 分钟完成 12 道数学难题。

这些能力相当的年轻女性正确回答问题的比例有多高？是否有差异呢？果然：

- 亚裔身份启动组：54%
- 控制组：49%
- 女性身份启动组：43%

我猜，这些女性中的大多数（如果不是全部的话）会说她们并不同意测试中的刻板印象。她们可能会有意识地与之抗争，但就像本章开头的"吐司"和"面包"现象一样，潜意识大脑的自动联想仍然会影响行为。她们能力相仿，但被给予了一个简单的问题，分数就下降了 11%。

你是否经常因为过早地提出启动问题，而无意中使发送给客户的调查产生偏差？贵公司的新员工招聘程序，是否让一些人走上了比其他人更糟糕的道路？员工会议上的一个错误陈述，是否会导致你的团队表现比谨慎用词的情况下差 11%？这些类型的问题，是我需要帮助客户解决的，也是你可以用行为经济学的力量加以发现和解决的问题。

回忆

你已经知道，气味和记忆绑定在一起，而一些记忆触发因素会以疯狂（字面意思）的方式影响行为。例如，在一个研究中，被要求回忆自己背叛朋友经历的被试，拿起消毒湿巾的概率，是被要求回忆自己做好事的被试的两倍。

按照研究人员的说法，这是潜意识大脑想要采取行动来"清除"自己的不良行为。而真正疯狂的是，在擦完手后，他们不太可能自愿抽出时间从事志愿活动，因为他们在心理上"已擦干净了手"，不再有负罪感。

启动的力量

我想用一句话来概括这一章：万事皆重要。

这适用于你自己材料上的文字和图像，也适用于客户接触到你的品牌资产之前所说或所做的任何事情。

虽然你不能控制一切，但兼顾你所能控制的东西，这是值得的。

在你的广告播出之前的节目是什么？你的广告牌是否放置在一个繁忙的十字路口，这对你的品牌有何影响？

启动是如此有影响力，你会在第3部分中了解到更多。正如你在这些启动示例中所看到的，小事情——仅仅几个简单的词、气味或图像——就可以产生巨大的差异。

需要记住的最重要的一点是，在所有的研究中，人们都会称他们不受这些因素的影响，或者他们根本就没看到。这就是为什么理解行为经济学的概念是如此重要：人们无法告诉你，他们的计划是什么，以及影响他们选择的因素是什么。

在你创造素材和品牌体验时，要考虑所有的感官，并尽可能多地加以组合来匹配你的启动行为。要记住那些"字面"因素：大字体会让你的价格看起来更高吗？如果你改变了这里的颜色或那里的图像，会怎么样？重要的是，要在你自己的业务中尝试一些东西，看看哪些东西可以复制到你的受众身上。但是，在你开始测试之前，请继续阅读本书。有许多概念需要考虑，并且用正确的方法来进行测试（你将在第3部分中看到）。

应用启动原理

记住：万事皆重要——选择与你的品牌相一致的图像、文字、气味和其他元素。

自我尝试：思考一下你的品牌。如果你的客户只知道与你有关的一件事，那件事会是什么？寻找你区别于竞争对手的东西

（"知识渊博"或"友好"的员工除外）。你能为人们赋能吗？会让他们感到安全吗？能帮助他们实现梦想吗？

用同义词表帮助你找到完美的词语，来唤起某种启动反应：这应该是你阅读或听到时就能有所感触的词语。

接下来，找到一些在各种场景下都能有启动效应的图像。找到有力量的启动图像，这个图像要能支持你的品牌一直在试图体现的事，可以微妙地打动客户的购买过程，并能强化他们已经找到了自己需要的东西的印象。

更多关于启动的内容

在以下章节中再次找到启动相关内容：第 22 ~ 27 章。

启动是我最喜欢的概念之一，因为它易于测试。一张新图片或更新的词汇就可以改变一切。你可以从"聪明的商业"播客中了解有关启动和其他概念的更多信息：

- （第 18 集）启动：为什么你永远不要和一个拿着冰咖啡的人进行困难的对话。对本章所读内容的扩展，以及在商业中应用启动的更多方法。

- （第 24 ~ 28 集）专门针对每种感官的系列节目。你可以进一步了解视觉、听觉、触觉、味觉和嗅觉是如何真正发挥作用的，它们如何与大脑相连，以及你的企业如何利用它们来打造令人惊叹的品牌体验。

- （第 89 集）聚焦错觉：为什么思考某件事会让它看起来比实际更重要。想更了解时钟数字现象，以及它如何影响你每天的生活和业务吗？你会喜欢这一集的。

第 7 章 锚定与调整

WHAT YOUR
CUSTOMER
WANTS
AND CAN'T TELL YOU

当你的潜意识大脑不知道某件事的答案时，它就需要进行猜测。有人可能会把这称为"受过教育的"猜测，但它通常是用经验法则进行的——而经验法则正是行为经济学中所有相关概念的来源。当大脑以每秒 1100 万比特的信息处理速度运行时，它就在大量使用这些判断来指导你度过你的每一天和一生。

在介绍这个概念时，我总是会玩一个小的提问游戏。虽然我听不到你的回答，但我相信你不会用谷歌搜索答案。跟随你的直觉就好。准备好了吗？

> 南极洲的帝企鹅数量是超过还是少于 10000 只？
>
> 你认为会有多少？

你头脑里有这个数据吗？

南极洲有 59.5 万只帝企鹅！你头脑中的数据比这个少很多吗？

让我们再做另一个小游戏。

> 世界上的国家是超过还是少于 1000 个呢？
>
> 你认为会有多少？

世界上有 195 个国家。你的数字比这个大吗？

发生了什么事？

你的潜意识接受了我扔给你的数字，并假设我一定知道有关帝企鹅或世界上国家数量的知识（这就是我用一个数字来启发你的原因）。

如果我只是简单地询问"南极洲有多少帝企鹅？"，而没有提出"它是多于还是少于 10000 只"的引导，你的数字会有所不同吗？或者如果我给的锚定数是 100 万呢？或者 1000 万？或者 1 亿呢？

当我问到关于国家的问题时，你懒惰的大脑与自己的对话可能是这样的："嗯……让我们看看我能说出多少个国家的名字。不……这会花太长时间，而且需要大量工作。"如果我没有给出锚定数，它可能会应用其他经验法则，比如估算。你可能会想，"嗯，我知道北美有三个国家，然后还有澳大利亚和新西兰……想想地图……也许每个大陆上平均有 20 个国家？我不如记下来，因为我可能忘记了一堆……那么让我们假设每个大陆 30 个。这意味着有 120 个国家，加上我记下来的少数国家，所以我猜是 125 个"。离正确答案不太远。

但因为我给了你 1000 个的高基准数，你的大脑跳过了整个评估过程，选择了最简单的方法："她一定对国家的这些事情有所了解，要不然为什么会一上来就给我这个数字呢。这个数字似乎太高了……但我也不知道很多国家……我会选择 600。"（或者任何你能想到的数。）

这适用于完全随机的数字——不管取哪个数字，对问题应该都没有影响。

几年前，当我为一群女企业家做讲座时，我让每个人想想她们社会保险号码的最后两位数字。然后我让她们看我的项链——一个特别时髦的配饰——并猜猜我买该项链花了多少钱。你知道然后出现了什么情况吗？

我向观众解释说："研究表明，最后两位数字较大的人（如 8、9）在评估一件物品的价值时，会比最后两位数字较小的人（如 1、2）所评估的价值要高"。

一位女士举手说："我的社会保险号码的最后两位数字确实是 8、9，当你问起项链的价格，我认为是 89 美元。然后我又想了想，不，那太愚蠢了，应该是 65 美元。"

这就是锚定和调整的工作原理。

（确切地说，在座人员中，社会保险号码的最后两位数字最小的女士对项链的估价要低得多，只有 35 美元。）

锚定（最先出现在你大脑的数字）就是启动某事的一种形式。对像社会保险号码这样的随机事件，效果很快就会消失（因此，所有社会保险号码尾号为小数字的人都不会注定是讨价还价者），而这些类型的数字对于广告、在网站上展示产品、为包装定价等都非常重要。

士力架案例

在两个几乎完全相同的杂货店热门商品展示区。第一个写着，"士力架——为你的冰箱买点它们"，第二个写着，"士力架——为你的冰箱买 18 个"。我想我们应该都会认为，18 是一个荒谬的数字，一次性买这么多士力架并不常见。

作为负责信息传递的人，出于逻辑，你可能不会在广告上写这个数字。你可能会说，"'它们'是个没有限制的代词！只要有人愿意，他们可以买 100 个"，也可能说，"人们会问我是如何得出数字 18 的。我不想证明一个任意数字的正当性，无论如何，这两者没有那么大的区别……"

事实上，它确实带来了不同，而且是一个巨大的变化。

当用数字 18 代替"它们"这个词时，士力架的销量增加了38%。38%！

为什么会这样？

当你在商店里浏览时，看到一则写着"它们"的广告时，你的大脑里很可能连一点印象都没有。如果有，你可能会想，"好吧，我买上两三个"，然后把它们丢进购物车。但是数字 18？这可能会让你的潜意识停止工作，因为这是一个非常不寻常的数字。你可能会想，"18？！太疯狂了。我可比那些买 18 块糖果的人正常多了。我只买 6 块"。

你看到了吗？

这就是锚定和调整在发挥作用。在自主意识里，我们可能会害怕抛出大数字，但因为它们采用了与潜意识大脑不同的对话方式，可以带来销售的巨大改善。

此外，这个问题的框架发生了一个非常重要的变化，这个微妙的变化会影响大脑。

当你使用"它们"这个词时，它变成了"零"的一个变体，而被问到的问题是"你想买士力架吗？"，将"它们"改为数字"18"则意味着销售。它微妙地将你要问的问题转移到一个更有价值的问题上，"你想买多少士力架"。通过改变一个词来增加锚定，改变了问题框架，也改变了整个潜意识的购买体验。

《市场营销研究杂志》（Journal of Marketing Research）里登载了一项相同的研究，详细介绍了杂货店中使用的一些其他常见锚定技术。

这就是为什么当物品价签为"10 个 10 美元"时，人们会比标价"每件 1 美元"时买得多。

同样，这也是为什么对某些东西设限会让人们购买更多数量的原因。这项研究设置了三个条件：

- 汤优惠 10 美分！
- 汤优惠 10 美分！（限 4 份）
- 汤优惠 10 美分！（限 12 份）

结果怎样？再说一次，你可能认为，那些需要储备汤的人无论如何都会储备汤，但这太理性了！

当数量不受限制时，平均购买量为 3.3 罐。限购量为 4 罐时，购买量为 3.5 罐——上涨了一点点。限购量为 12 罐时怎么样？购买量翻了一番！平均购买 7 罐！

疯狂吧？但很真实。

应用锚定和调整原理

记住：不要害怕大数字，想一想数字如何改变问题的框架。

自我尝试：找到一条模糊的信息，输入一个数字，看看该数字对行为产生的影响。你可以尝试大数锚定（比如 18 个士力架）或小数锚定（也许有助于简化某个过程）。

从定义目标开始——你希望人们在与你信息交互后的行为是什么。

想想我在询问国家数量时，提出的 1000 这个数。之所以这么做，是因为我想让你提出一个更高的数字。如果我的目标是让你的数字接近 195，我可能会选择 250 或 200。一旦你知道了自己的目标，就可以确定自己想要哪种锚定（低或高），并去测试一下！

更多关于锚定的内容

在以下章节中你能再次找到锚定的相关内容：第 22～25 章。

锚定是一个非常有趣的概念，因为（正如你在有关框架的章节中所学到的）一个恰当放置的数字有着巨大的力量。要开始测试非常容易，你可以立即着手。（但在此之前，请阅读下一章关于相对论的内容，因为这两个概念就像牛奶和饼干：它们经常一起出现。）可以听听"聪明的商业"播客这一集，加深你对锚定的认识：

- （第 11 集）锚定和调整：一个使销售额增长 38% 的词汇。关于锚定的事例，不仅限于士力架和国家数量。这一集包括了如何在不同领域应用这一概念的大量建议，如珠宝店、房地产、家具销售、汽车销售或服务型企业、公司内部、非营利组织，等等。

第8章　相对论

WHAT YOUR
CUSTOMER
WANTS
AND CAN'T TELL YOU

人类无法单独地评价一件物品——我们需要一个比较点来判断它是好是坏。我认为，没有人比我的朋友布莱恩·阿赫恩（Brian Ahearn）更能理解这个概念，他在《影响他人》（*Influence People*）一书中用一句话帮助你记住这个概念："本不存在高或低的概念，但一旦有了比较，高低的概念就出现了。"

引用该书中一个精彩案例，假设你走进一家家具店，看到一张感兴趣的沙发。你问导购："你好，请问那张沙发多少钱？"他们回答说："900美元。哎呀！弄错了，是700美元。"

在这个例子中，700美元感觉很划算，但如果他们的回答是："500美元。哦，糟糕！弄错了，应该是700美元。"现在感觉更糟，是不是？

沙发的价格从未改变。它并非两个错误价格中的任何一个，但是你对它的感觉完全不同。唯一改变的是环境；真实价格之前的报价起了锚定作用，前者让你感觉到这张沙发就是你想要的，后者让你觉得这是在浪费钱。

15 美元的价值

15 美元的价值总是一样的吗？随着场景的变化，它会发生变化吗？

场景一：你在一家商店里挑了一把你想买的抹刀。它卖 16 美元。排队的时候，你想起在镇对面的一家商店里看到同样的抹刀只卖 1 美元。你是把它放回去，然后去另一家商店买便宜的抹刀？还是继续购买？

场景二：你正在重新装饰客厅，找到了一块完美的地毯。地毯的价格是 500 美元。正当你排队时，有人说："你知道吗，在镇子另一边的商店里，你只要花 485 美元就可以买到完全一样的地毯。"你是会把它放回去，开车穿过镇子去买更便宜的地毯？还是买眼下这块呢？

如果你像大多数人一样，你可能会说，你想把抹刀放回原处，开车穿过城镇以节省 15 美元……但是，你不会为了地毯去做同样的事。为什么？

在传统经济学的"逻辑"里，1 美元（或者本例中的 15 美元）应该会引发你完全相同的行为，不论是何种情况下的 1 美元。但实际上，并非如此。

物品的相对价格会影响你的行为——15 美元相对 1 美元，与 15 美元相对 500 美元相比，前者要"多得多"——但为什么这很重要？事实是……本不应该如此重要。如果我们的大脑更有逻辑，那么真正的问题是："和我开车穿过城镇所花的时间相比，

15 美元意味着什么?"

几年前，我就职于一家金融机构，管理市场营销部门，写过一篇关于汽油价格和汽车贷款的博客文章。最常见的情况是，人们驾车外出只为了获得"更便宜"的汽油；我认识一些人，他们会多开 10 分钟，只为了每加仑节省 10 美分。比如说，你有一辆 15 加仑的车。如果你到达加油站时油箱完全空了，你就节省了1.5 美元。当然，我不会去估算你为了节省 1.5 美元而燃烧了多少汽油，但我猜想，这足以吃掉至少一部分"收益"。

我们经常举办促销活动，为现有的汽车贷款进行再融资，并将利率提高 1%（这就是促使我写这篇文章的原因）。许多人——也就是那些千方百计地为每加仑节省 10 美分的人——会说："1% 不值得我花时间去填写申请表和再融资。它能真正节省多少钱？"（众所周知，我们人类不善于进行不同类别之间的比较。）

如果你有一笔汽车贷款，利率为 8%，你每月要比利率为 7%的贷款多支付 10 美元。因此，你每年可以节省 120 美元，只需花几分钟在网上填写申请表，然后再为汽车再融资——所需时间可能比开车到"便宜"的加油站加满油所花的时间还要短。

在广告中，关键是要找到一种沟通方式让人们自愿运用并记住。虽然本书中的许多行为提示向你展示了如何与潜意识合作（而不是提醒自主意识大脑），但此处的例子是你想让大脑受到足够的震动，使你的信息变得突出（突出到足以引起注意）。要帮助某人认识到，驾驶 10 分钟，每加仑节省 10 美分的行为，比一次性快速申请要低效得多。这个认识过程需要人们随时进行相对价值比较。电子邮件里引人注目的图片，或激发好奇心的标题，都可以让人们做好接收信息的准备，并投入几分钟时间立即申请。

零售实例

如果你在运营某家店铺，你绝对应该将相对论纳入商业布局和定价计划中。

比如说，你决定趁着返校购物季在塔吉特（Target，美国第二大零售商）买点东西，因为这儿应有尽有——从学校用品到衣服，价格也在承受范围内。进商场时，你看到门口有一件 99 美元的儿童 T 恤。你可能会想，"哇，塔吉特的物价上涨了很多。我都不确定今年能否买得起了"。来到服装区，看到衬衫在打折，每件大约 40 美元，你会感到很高兴，就囤了三件，因为这三件也只比一件 T 恤的价格稍微高一点！

但是，是这样吗？

如果我告诉你，去年衬衫是 25 美元一件，你会怎么想？相对于 25 美元，40 美元似乎价格很高。但是，商店放了一件更贵的东西——99 美元的 T 恤——来重置你的基准价，并确定一个新的相对价格，所以现在 40 美元似乎是一个大便宜。他们并不是想让你买 99 美元的衬衫（我的意思是，如果你买了，他们也会很高兴，但这不是他们的目的）。它存在的唯一目的是，让其他产品价格看起来很低——这样你的购买体验更好。

> 这是有道德的行为吗？
> 讨论该领域伦理的论文有很多，本书不再赘述。我的观点是，任何知识都可以被错误的人用在"邪恶"的方面。我所希望的是，每个人都能把赋予他们的权力用在正确的地方，用在帮助人们改善生活方面。请负责地去推动实现。

浓缩咖啡？

想象一下，你拥有一家电子用品商店，决定做浓缩咖啡机生意。你的店里没有任何其他与咖啡相关的物品，所以你把它放在微波炉和搅拌机之间，标价 150 美元。你坚信人们会把它抢购走，于是就那么摆放在那里。六个月后，你一台也没卖出去。

你决定怎么做？

拿起这本书之前，你可能会想到两个选择：1）把它从架子上拿下来，放弃卖浓缩咖啡机的想法；2）打折。

这两种方法都是错误的。

你要做的是，另外买一台咖啡机，外表和你现在的咖啡机非常相似，但大小是原来的两倍，价格是原来的两倍，然后把它放在 150 美元的咖啡机旁边。现在，当人们路过时，看到两台咖啡机，就可以作比较。他们可能会想："嗯，花 300 美元买一台浓缩咖啡机是一大笔开支，但另一台又漂亮又紧凑，可以放在我的桌子上，看看它的颜色！少去几次星巴克，投入就回来了。如果理想的话，我可以之后升级到更大型号。作为入门款，这个好极了……这真是笔划算的买卖……"

砰，咖啡机卖了。

卡路里难题

当你完成一个小时的锻炼，或跑完 5 公里，你会觉得自己完成了大量工作。你流了很多汗，感觉自己真的消耗了很多卡路里，对吗？很多人会因此吃点额外的点心来庆祝，或者说："吃点零食没关系，因为我今天跑步了。"我们的大脑将跑步所花费的精力与吃零食所花费的精力联系起来，而对许多人来说，这种评估是大错特错的。

很多年前，有一次，我把自己的锻炼过程记录到健身跟踪器上，我感觉自己站在了世界之巅。它说我消耗了 300 大卡，我想："是的！我棒极了！"

直到我注意到一个小小的换算表，它让我知道我的汗水相当于 1.25 瓶苏打水或一片比萨饼。我告诉你，这个消息让我不再想用食物款待的方式来庆祝消耗掉的卡路里了！这个比较太真实了。约翰·霍普金斯大学的一项研究将其进行了充分利用。他们在便利店张贴了标识，上面写着："你必须跑 50 分钟才能消耗掉一瓶苏打水中的卡路里。"

他们很高兴地看到，随着这些标识贴出来，青少年的含糖饮料消费量下降了。因此，你必须知道，相对论并不总是和定价相关。找到相对论的正确论点（联系情境）可以鼓励更健康的行为，这太棒了。

但是，要小心选择你所比较的事物。有些在你看来似乎是非常重要的相关信息，并不一定会激励你的目标人群来改变他们的行为。例如，有一个广告，它的本意是鼓励人们少喝苏打水，因为错误的原因而在 2019 年像病毒一样传染开来。"你会吃六个甜甜圈吗？"（等同于一瓶苏打水的卡路里。）本想着这会让人们大吃一惊，但互联网上很快就充斥着兴奋的推文，都在谈论吃多少个甜甜圈依然毫无负罪感。

当你想推动某种行为时，必须了解你的听众，说出他们的语言，这一点很重要（第 13 章中有更多这方面的内容）。如果你不花时间去测试概念（第 28 章），它可能会导致结果出现适得其反的大失败，这不但没有让人们停止喝苏打水，反而让他们觉得吃甜甜圈是健康的。

应用相对论原理

记住：情境决定价值——价值高低都是相对的。

自我尝试：应用相对论最简单的方法是提供产品。我们将在本书第 3 部分对此进行更详细的讨论，现在只是出于测试目的，让你思考一下你所能提供的最佳产品或服务。

- 其中包括什么内容？
- 有什么好处，能解决什么问题？
- 你是否有"300 美元浓缩咖啡机"的比较物（即，功能相似、但实用性明显更低的物品，可以此为参照物来帮助人们看到最佳产品的实用性）？如果没有，那就现在创建一个（并设置好一个高基准），这有助于使最佳产品看起来不错。

不必担心现在的想法是否完美，只需要写出你的想法，随时放在手边即可。

更多关于相对论的内容

在以下章节中可以找到更多关于相对论的内容：第 22 ~ 25 章。企业需要理解并正确应用相对论的理论，以更好地显示产品价

值。"聪明的商业"播客的如下几集,可以帮你了解更多信息:

- (第 12 集)相对论:大脑无法评估单一产品的价值。进行一系列相关的演练,以便用最佳方法来应用相对论和设置基准值等。
- (第 8 集)什么是价值?你的企业可以从价值 214 美元的烤奶酪中学到什么?可学的内容太多了。

第9章 损失规避

WHAT YOUR
CUSTOMER
WANTS
AND CAN'T TELL YOU

人们讨厌失去东西的感觉，关于这一点你可能不会感到惊讶。如果你曾经看到过孩子玩耍，你就能亲身体验到这一点。

以我们家的两个孩子为例。哥哥在游戏室里玩得心满意足，被玩具包围着，玩具太多，任谁一下子都玩不过来。小妹妹走到最外边的、哥哥够不到的玩具前。"不！"哥哥尖叫着，眼泪涌上眼眶："我正准备玩它！"不知怎的，这个随意扔在一边的玩具——可能是空盒子、变形金刚、芭比娃娃——现在成了他绝对的最爱，不能放弃的东西。所有其他玩具也都不适合给小妹妹玩。他不想失去和任何一个玩具一起玩的机会。

我们父母了解这一点，并谈论这种想法有多么可笑。然而，你的潜意识每天都在做同样的事。我们从未真正忘记这种行为；我们只是试图在表面上控制它。

你的潜意识大脑基本上是一个两岁的孩子，当别人试图玩你的神奇女侠玩偶时——即使你当时没有玩它，你也会大发雷霆。

很可悲，不是吗？但很真实。

损失还是收益?

那么, 我们在企业和社会中都做了些什么? 不幸的是, 完全倒过来了。我们观察到这种行为, 并说: "人们喜欢拥有东西, 所以我们应该给他们更多东西!"

我们创建了一个充斥着 "收益文化" 的社会, 建立在忠诚的每日打卡和奖励计划的基础之上, 但这些卡片实际上被扔在驾驶座旁边积灰而已。

收益并非驱动行为的关键——损失才是。(在你提出 "我不想这么消极或我不会屈从于恐惧" 的反对意见之前, 不要担心, 正如你将看到的那样, 不必如此。)

为了向你们展示这种感觉, 我想让你们想象两种不同的场景。真正试着把自己放进每个场景。我向你保证, 很简单。

情景一: 一天早上, 你抓起一件很久没穿的夹克。穿上它时, 你发现口袋里有 20 美元。太神了!

你感觉如何? 可能相当不错; 这并非每天都会发生。你可能会告诉几个人, 也可能不会。到了第二天, 你还会炫耀吗? 或者下周呢? 当你下次再抓起这件夹克, 你还记得这是口袋里有 20 美元的那件吗? 或者明年, 当你经历同样的寒冷天气时, 你还会记得吗? 可能不会了。

情景二: 想象一下, 你正准备参加一个只收现金的活动。你快速心算了一下, 发现 100 美元足够支撑你一整天的时间——你可能还会剩下点。中途路过了自动取款机, 当你停下来付停车费时，突然意识到你身上只有四张钞票了！你看看座位间的扶手箱，再次检查钱包——也许是两张粘在一起了？不，你丢了20美元。这种感觉如何？

我猜一定相当糟糕。你会告诉人们这种经历吗？你每次去停车场都会记起这件事吗？看到那个活动广告时呢？又或者使用自动取款机时？如果不是银行的错，你还会责怪他们"偷"了你20美元吗？有一天你会把这个故事告诉你的孙子吗？

也许不会那么极端，但我肯定，你的这种感受比"找到"20美元所带来的喜悦要强烈得多。为什么会这样呢？既然钱是一样的，感觉难道不应该也一样吗？这就是传统经济学的观点，但是，如果传统经济学模型总是准确的话，那么行为经济学就不会存在了！

损失经济学

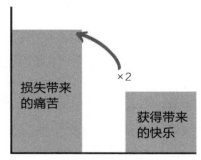

获得所带来的快乐要加倍，才等于损失带来的痛苦。

这一学科领域的先驱者是丹尼尔·卡尼曼和阿莫斯·特沃斯基（Amos Tversky）（以及其他人），他们发现这是一门科学。

研究表明，从损失中感受到的痛苦，是从获得中感受到的快乐的两倍，这一点在各个行业的应用中都有体现。这里列举了几个事例，来说明这一原理是如何在没有负面感受的情况下发挥作用的。

信用卡

很多金融机构发出促销信息，比如"本月刷卡 20 次，我们会给你 50 美元"。这个提议非常慷慨，但很多人不会重视这种机会。你可能会在邮件中收到这些信息，然后想："哇，50 美元，我一定要去试试!"三个月后，你偶然发现了这条促销信息，"该死，我一定是忘了，下次我一定会利用它"。就这样，它又从你的大脑中消失了。

如果反过来表达会发生什么？现在上面写着："我们在你的账户上存了 50 美元。如果本月刷卡 20 次，你就可以保留这笔钱。"看出二者的区别了吗？

> 哪一种更有说服力？
> "本月刷卡 20 次，我们会给你 50 美元。"
> "我们在你的账户上存了 50 美元。如果本月刷卡 20 次，你就可以保留这笔钱。"

把增益转换为损失，这种信息转化方式就是在设置框架，本书第 5 章对此进行了讲解。

激励措施

完成一项任务后，会有各种激励措施，但这是最好的方式吗？印度制药公司 Zydus Wellness 的客户营销主管比尼特·库马尔（Binit Kumar）与我分享了一个激励印度农村销售人员的例子。在传统模式中，员工达到目标的情况占 40% ~ 45%。然后他们做了一点改变。每位销售人员都收到了一张大额支票作为全额奖励，然后告诉他们——如果他们没有达到目标，预付金额将从未来的工资中扣除。

这一次，70% 的销售人员达到了目标。

动机

你是否曾经把待办事项清单列得满满当当，而不得不把一些事情推迟到第二天？也许这么问更好：你是否从没遇到过这种情况（即次次都能完成计划）？出于乐观主义偏差，人们往往会向自己过度承诺，并且从未真正吸取教训。关于乐观主义偏差，你将在本书第 4 部分中了解更多。这就造成了一个永久性的"我本周没有达到目标，但我承诺下一次做得更好"问题。无论是激励自己，还是希望激励团队中的其他人（如果你是教练，被激励的人可能是你的客户），你都可以应用我的容器法，利用损失规避来获得优势。

容器法不是试图与有自主意识的大脑对话，而是调整方法并吸引头脑中的潜意识大象。

下面是我的容器法工作原理（概述了一位教练和客户的工作过程）：首先，买一堆透明玻璃罐——我喜欢那些带着标签贴纸的罐子——并在每个罐上写上一个客户的名字。下次你和他们见面时，说："看到这个写着你名字的罐子了吗？你如果每周完成计划，我就会把 10 美元放进罐子里。如果没完成，我就会清空整个罐子，你就得从头再来。到了年底，不管罐子里剩下多少钱，都是你的。"（鉴于你懒散的大脑不想计算，我先告诉你如果每周都达到目标，那么到年底将存下 520 美元。）

每次见面（不管是面对面还是视频会议），都要让那个罐子出现在他们的视线里。你不必刻意引起他们的注意，但是自己的名字和钱的画面会不断刺激他们，提醒他们自己的目标和已经做出的承诺。这样，人们更倾向于设定他们实际上能达成的目标，于是就会创造一个良性循环（也有助于你成为更成功的教练）。这是一个简单的改变，也是一个双赢的结果。（好消息是，本书第 4 部分提出了几条建议，可以帮助你克服过度承诺倾向。）

汽车

回忆一下，上次去买车时，销售人员是怎么说的？"这是用来计算你每月付款的基准模型。你还可以选配的功能有：电动车窗、真皮座椅、天窗、导航。选择你想要添加的功能，我们将相应增加付款金额！"

或者，他们是这样说的？"这是我们推荐给你的型号，这是每月的按揭金额。"如果你对价格犹豫不决，"这是所有功能的列表——你可以告诉我你想删除哪些功能。"

当然，他们会选择后一个表述方式，因为在合理设置了损失规避模型的情形下，人们会购买功能更齐全的汽车。在第一个版本中，损失规避指的是你银行账户中的钱（"不用倒车影像功能，我可以节省 200 美元！"）。

而在第二个场景中，你的损失与潜意识里已经决定拥有那辆非常酷的车有关。"好吧，来个倒车影像也很好，200 美元分 60 个月支付，每月只需 3.33 美元——我会用它每个月获得 5 美元的价值！"

不管是买卖新车还是棒棒糖，报价时将适当的所有权与价值主张联系起来，对于把损失规避变成你的优势至关重要。

助推健康行为

比方说，你有一个走路健身的目标。于是，你买了一个计步器，计划每天走 10000 步。你能坚持多长时间，才会燃尽梦想、丧失动力？你会把手机设置为，如果未达到当天步数目标，将被禁止使用所有不必要的应用程序（社交媒体、地图、游戏）吗？又或者，如果没有按时完成某个任务（比如服药），你的手机会自动向你妈妈发送短信吗？

在这种情况下，你仍会坚持计划吗？

"你并非第一个对此有疑问的人。"艾琳·霍尔兹沃思向我解释道。

艾琳是杜克大学丹·艾瑞里高级后知研究中心（Dan Ariely's Center for Advanced Hindsight）的负责人，也是 Pattern Health 的行为科学负责人。她领导开展了一系列实验，研究如何运用损失规避法促使那些希望多运动、健康饮食和服用药物的人坚持下去。她发现，当参与者在不遵守规则就无法接触到智能手机应用软件的情况下，他们更有可能坚持自己的健康计划。失去推特访问权的威胁足以激励他们离开沙发，开始运动！

我们也可以为了防止其他人（甚至是虚拟角色）受到惩罚，而去改变自己的行为。你还记得电子宠物（Tamagotchi）游戏吗？我上学时，电子宠物风靡了好几个月；我和朋友的钥匙链上至少有一个像素宠物，你必须整天喂养和照顾它。如果你忽视它太久了，它就会生气，或者生病死亡。防止电子宠物死亡是最重要的事，在手机还没有普及的时代，我们中的许多人都会在课堂上冒险快速把手伸进背包去照顾宠物，并确保它能活下来，直到下课铃声响起。

Pattern Health 在了解到这一让人神魂颠倒的现象后，创建了一个虚拟宠物——当你完成日常健康任务，它会对你的行为做出反应，但如果你偏离了轨道，它也会受到影响。

海龟维吉尔需要你的帮助！

人们会被激励去照顾别人——甚至是像海龟维吉尔（Virgil）这样的虚拟宠物。（维吉尔是 Pattern Health 为他们的吉祥物起的名字，用户给自己的宠物命名可以加强他们之间的联系。）用户确实非常喜欢他们的虚拟宠物。让宠物开心的驱动力有助于Pattern Health 的用户坚持他们的目标。当维吉尔告诉你即将错过一项承诺时，它会感到害怕并躲在自己的壳里。当你完成一项任务时，它会和你一起庆祝！害怕失去维吉尔（或害怕它对你失望）足以鼓励人们服用药物或完成其他健康任务。

不要太极端

你可能已经注意到，许多公司已经开始利用规避损失的心理，通过提高赌注来说服人们注册。他们不是简单地说，你想订阅，是还是否，而是问"你想订阅吗？"

- "是。"
- "不，我对存钱没兴趣。"

应用得比较好的例子让人不易察觉，但很快情况就变坏了。

我见过的最可笑的是一张只需支付物流费用的健身 DVD；但初始交易还没完成，他们就试图追加其他销售。选项如下：

- "是的！将燃烧全身脂肪的 DVD 系列添加到我的订单中，一次性支付仅需25 美元。"
- "不，谢谢。我对快速获得梦幻身材不感兴趣。我知道这是我获得此信息的唯一机会，但我同意错过。我知道在拒绝此优惠后，可能再也无法以该价格获得……即使我愿意支付更多费用，我也买不到了。"

哈！这不是极端是什么？而且这么长的内容。阅读了这些信息，大多数大脑会说，"我敢打赌，如果我真的想要的话，他们会卖的"，或者"我会向你证明的！"损失规避就处在遵循大脑的潜意识规则和发出警报之间的微妙位置。做得太极端了，你很可能会被拒绝（并可能损害你的品牌）。

我的建议是，不要试图运用你在本书中学到的任何干预手段（尽管都是有益的、合乎道德的手段）去欺骗人们，这是一条原则。相反，要把目标定为，创造人们乐意拥有的美好产品和服务，并使用行为经济学概念帮助他们了解这些产品对他们的益处，这样才能发挥更大作用。

应用损失规避理论

记住：失去的痛苦是获得的快乐的两倍。

自我尝试：应用非负面意义的损失规避理论是一种框架。收集那些常见的以收益为中心的信息，用损失规避的方式对其重新设计。

我将以本章开头的一个例子来结束本章。你可以将其改写为"我们将把 50 美元存入你的账户；只需刷卡 20 次，你就可以保留这笔钱"，而不是说"本月刷卡 20 次，我们会付给你 50 美元"。现在你可以试一下：

买十送一：_____

达到销售目标，你将获得 500 美元奖金：_____

写一个自己的例子：_____

更多关于损失规避的内容

在以下章节中有损失规避的相关内容：第 22 章，第 27 章。

你需要做一些练习，应用损失规避的方法对信息进行重新设计。一开始，你的意识大脑可能会有反对意见，因为直接陈述收益的示例太多了！大脑会感到，强调获得收益的信息框架是最好的，但相信我：把损失规避考虑进去会更有用。如果只需要稍微改变一点陈述方式就能使效果加倍，为什么不去做呢？在"聪明的商业"播客中，有一集专门讨论损失规避，有助于你加深对该知识的理解，并获得更多在商业中的应用技巧：

- （第 9 集）损失规避。这一集讲述了行为经济学的基础知识，包括损失规避概念的应用机会和基于该概念的更多研究细节。

第 10 章　稀缺性

WHAT YOUR
CUSTOMER
WANTS
AND CAN'T TELL YOU

　　派比·范·温克波本（Pappy Van Winkle bourbon）威士忌是世界上最难找的酒之一。虽然金宾（Jim Beam）威士忌每年生产8400万瓶，但据称派比威士忌每年只能生产84000瓶。一瓶23年款的派比威士忌（别担心，你找不到的），它的零售价为270美元。如果你真的遇到了这种酒——并能说服它的主人放弃它——预计它会让你花费3000美元左右。

　　在传统经济学中，当一种商品的可用性有限（供应量低），但需求无限（需求量大）时，就会出现稀缺。这包括自然资源，比如石油和水，或更抽象的东西，如时间。时间是一种非常稀缺的资源，我们都希望拥有更多时间。稀缺以不同方式存在于每种资源中（没有什么是真正无穷无尽的），当我们知道某些东西的稀缺性时，会出现什么情况呢？

　　这就是行为经济学的用武之地（未被消费的派比威士忌在架子上积攒灰尘）。

　　在一项研究中，同一块手表的广告有两种不同的描述：一种是"新款。现货充足"，另一种是"独家限量版。快来买，限量供应"。

你认为会发生什么情况？

当广告说这款手表是稀缺的——独家限量，库存有限——人们愿意多付 50% 的钱，而不会选择"现货充足"的产品。

记住，上述两种情形下的手表是一模一样的。

再来说说邮票。即使价格经常上涨，每枚邮票的面值仍然只有大约 50 美分，除非印刷有误。你知道世界上最有价值的邮票——英属圭亚那一分洋红——价值 1150 万美元吗？为什么这么贵？因为发行量有限，且仅存一枚——但（对不起，如果你集邮的话），谁在乎呢？

那美国政府发行的第一枚银币呢？它被称为"飘逸的头发"（Flowing Hair），在拍卖会上以 1000 万美元的价格售出。它是在 1794 年或 1795 年制造出来的，是联邦造币厂成立后发行的第一枚硬币。1796 年的"波浪头像"币（Draped Bust）价值仅为 794 美元（考虑到它只是一枚一美元的硬币，这一价值仍然很高），但如果该币经认证为未流通货币，它的价值可能高达 59548 美元。

稀缺性和价值是紧密联系在一起的——出于某种原因，我们疯狂的大脑认为，这种情况下的"更少"等于"更多"。是的，稀缺性与损失规避密切相关，但又有所不同。

消失之前将其储备起来

如果你是好市多（Costco）的会员，你可能会从那里购买各种各样的东西。他们会鼓励你囤积你喜欢的东西，不仅仅因为可以批量出售，还因为如果你明天再来，这些物品可能就没有了。这就是利用了稀缺心态。

如果你经营的是一家零售店，可能就很难复制这个模式。你能想象吗？一位顾客进来，要买一些他们昨天（或一小时前）看到和想要的东西，你说，"对不起，我们都卖完了。这里的商品流转很快。"

当然，客户服务仍然很重要；你应该乐于助人和对人友善，而稀缺性只有在物品真正有限的情况下才会生效（这意味着并不是每个人都能得到）。

好市多的方法效果很好，因为它配套了出色的退货政策。这消除了人们对后悔的担忧，使购买一些额外物品变得容易，因为如果这些物品没用，人们总是可以退货，而且人们知道，退货比后悔没买到更安全。如果你能提供让人满意的保证，那么促销是个很棒的事情。大多数人最终都不会去退货，因此这种做法是值得冒险的。

> 确保让客户100%满意，这始终是个好主意。它能帮助人们克服对后悔的恐惧。研究表明，在显眼的位置展示这句话，效果总是比没有展示要好。利用这种退货政策的人比你想象中还要少，而你获得的额外销售额（特别是当与稀缺信息搭配时）将远远超过退货额。

秋天的官方饮料

星巴克制作了一款与秋天密切相关的产品：PSL（或全名，

南瓜辣味拿铁）。尽管这种饮料很受欢迎，但每年只能供应几周。

稀有物品有自己的生命。你知道@ therealPSL 在推特上有 11 万粉丝吗？该账户 2018 年 8 月 28 日发布的帖子写道："登录只是为了宣告我回来了。让我们赶上 IRL 吧！"这个帖子得到了 2300 次点赞、654 次转发和 88 条回复。

稀缺性会产生狂热的追随者——这意味着其他人会为你做营销。他们会兴奋，代表你说话，传播信息，把品牌做大，比你亲身去做还有效。口碑是一种强大的东西，而稀缺性可能是它的一大驱动力。

想想另一个风靡全球的星巴克发明：独角兽星冰乐（Unicorn Frappuccino）。

星巴克的稀有商品通常限售一个月左右，而独角兽星冰乐与它们不同，它只会在商店里待五天；在许多地方，它在不到两天的时间内就销售一空，而且几乎没有任何营销活动（发布当天有几条推文和一份新闻稿）。很明显，独角兽星冰乐的声明提前一周左右被泄露，然后引爆了互联网。

星巴克有一系列稀缺物品——包括它的红杯，每年都会吸引全球各地的人们争先恐后地在网上发布令人垂涎的红杯自拍。当你将稀缺性与社交媒体结合起来，会带来惊人的结果——在接下来关于从众心理和社会证明的两章中，你能看到更多事例。

稀缺诱导词

有一些词会自动触发消费者大脑中的稀缺性，比如：

- 限时
- 延长
- 定制
- 手工制作
- 独一无二
- 甩卖
- 即将结束
- 最后的机会

如果你做促销或打折，请确保是短期行为，并在促销结束时提醒人们。

这些术语可以添加到产品和服务的宣传中。大脑看到这些稀缺性术语，就会开始思考：

- "全世界只有这唯一的一个了？我最好行动快一点，这样就不会有人抢了！"
- "这个价格只剩下两个座位了，另外八个人正在寻找去芝加哥的航班？我必须先买！！"
- "这个月只剩下一个位置了？我最好抓住这个机会，需求量这么大，这可能是最棒的。"

记住，时间是一种有价值的商品，你能付出的量很有限。

与其说你"很忙，但仍然努力抽出时间见某人"，不如坚持你的日程安排更有价值（就像好市多在商品的可获得方面所做的那样）。想想按摩治疗师或牙医——当他们的时间被预定时，价值就被预定了。有时这意味着要提前好几个月预约。这会让人觉得医生的时间更有价值，你也不太可能取消预约，这对诊所也是有利的。

如果你说："下周我的日程上只有一个空余时间，你想现在就预订吗？"对方的大脑会开始感到害怕，不想失去这个机会。

应用稀缺性原理

记住：可获得性越低，价值就越高。

自我尝试：对于任何人来说，无论行业或工作角色如何，最容易应用稀缺性的地方就是他们自己的时间。我们人类总是倾向于过度承诺，挤压自己去满足别人的要求。对你的日程表做出决定——可以是五点以后不开会，或者周四不开会——并坚持下去。当人们问你周四是否有空时，你可以回答："周四不行，但是周五 11 点怎么样？"

克服过度抱怨或为自己忙碌的原因辩解的冲动，始终友善回应和乐于助人。

可以说，"好吧，我周四不能去，因为我有一整天的客户会议，周三也不行，因为……"，这是在告诉某人，他们对你来说，没有你正在做的其他事情那么重要。不透露其他事情的细节，那么这就不会引发问题，同时还有助于增加自身的稀缺性，从而增加自身价值。当有人第一次提出要求，说自己忙、不太方便是可以的。你不需要为此道歉。你时间的稀缺性将帮助人们更加珍惜它（和你）。

更多关于稀缺性的内容

在此章中找到稀缺性相关内容：第 22 章。

稀缺性是我们每个人都知道的概念之一，但很少有人能恰当地加以利用。我们都拥有很多稀缺资源，将它们精心设计安排，就可以鼓励人们采取某种行为，同时帮助人们感到更有价值。"聪明的商业"播客的以下几集展示了稀缺性：

- （第14集）稀缺性：为什么我们认为可获得性越低意味着价值越高。星巴克、迪士尼、好市多和钻石的神奇故事（你知道它们并非真的稀有吗?）都将在这一集中出现。

- （第47集）好市多：行为经济学分析。向最好的案例学习，了解好市多如何利用稀缺性和其他重要的行为经济学概念来提供价值。另外，还会提供一些技巧，让你从事业务时能吸取他们模型的经验教训（以及知道这些模型是否适合你）。

- （第73集）星巴克：行为经济学分析。这一集与好市多那一集的思路类似，并迅速在排行榜上一路飙升，成为"聪明的商业"播客中下载量排名第三的单集。

第 11 章　从众心理

WHAT YOUR
CUSTOMER
WANTS
AND CAN'T TELL YOU

　　如果你把两个相同的食物源放在离蚁群相等距离的地方，它们会倾向于选择其中一个——而群体中的其他成员则会一次又一次地来到它们选中的食物源，而不会去碰触第二个食物源。

　　从逻辑上讲，这是没有道理的——为什么会忽视放在不同地方的食物源呢？但是人类也在做同样的事。我们喜欢从众的大脑会以在线评论和受欢迎程度为标准来选择餐馆。假设到了一个新城市，大多数人会选择满座的餐馆而不是空餐馆。什么原因呢？你的大脑会说："他们一定知道一些我不了解的事。空荡荡的餐厅一定很糟糕，满座的餐厅一定值得45分钟的等待。"

　　这就是从众心理在起作用。

　　人类从众的方式与其他物种相同——包括牛、黄蜂和成群的孔雀鱼——都是出于同样的自私原因。

　　动物出于自身安危考虑而采取成群结队的生存方式。身处外围的动物比混在兽群中心的更容易被捕食者杀死，因此，尽可能靠近兽群中心是有益的。如果你看狗赶羊的视频，就会发现外面的动物跑得很快，试图跑到中间，而中间的动物则不太愿意移动——直到它们发现自己不知不觉被推移得远离中心。

人们也会几乎盲目地跟随对方，假设是，如果每个人都朝着这个方向跑，他们一定知道一些我不知道的事情。我会先跟着跑，然后再去问怎么回事，而不是等着看他们为什么跑。

这是我们的天性。在伦敦出差时，我在努力适应交通流时注意到了这一点。大多数过马路的当地人只要有可能，就会直接穿过马路。一旦有人开始移动，其他在人行道上等待的人就开始表现出明显不适。有些人开始不看灯就直接走——除非被其他人拉回去，以免被汽车撞到。随着越来越多的人在变灯前横穿马路，你可以看到，那些仍然在街角等待的人会越来越焦虑，争论着他们是否也应该跟着走过去。这种情况随处可见——下次你在人群中等待过马路的时候，可以观察一下。

这也是为什么世界上几乎每个青少年都会说："但是妈妈，我所有的朋友都在这么做！"妈妈回答说："如果你所有的朋友都要从桥上跳下来，你也会这么做吗？"如果不做其他人都在做的事——不管是没去听一场大家都去了的音乐会，还是最后一个过马路——会让人感到不舒服，这是从众本能造成的。

我们也能从从众行为中学习，这要感谢你在第 1 部分中读到的镜像神经元。通过观察来学习，对我们物种的生存和成长至关重要。婴儿观察了成人和其他儿童做事的方式，几乎立即就会模仿他们。这就是我们学习说话、走路、寻求安全和寻找食物的方式。这对我们的生存至关重要。

这也是为什么餐馆和咖啡馆会在小费罐子里放一些零钱，让它看起来像是其他人留下的小费。当别人都给小费时，人们更愿意给小费。正如你从图片中看到的，我也在许多博物馆看到过这种策略，在空地用巨大、透明的容器收集捐款。（还记得损失规避罐子吗？让空容器发挥作用！）

伦敦博物馆的巨大透明盒子，用来鼓励人们捐款。

　　你是否遇到过，在杂货店结账时，屏幕上会出现提示，询问你是否想为某项事业捐款？点击"不"会让你感到一阵内疚。也许你会环顾四周，确保没人看到你按下了红色的大 × 。

　　更进一步，有时收银员会问你是否想为慈善事业捐款，你的"不"必须大声说出来。（可怕！）

　　你可以点到为止，但人们往往倾向于给出解释。最近一次排队，我前面的那位女士被收银员问到她是否愿意向军队捐赠一美元。

她的回答？"不，我做了很多志愿工作，自己给部队捐过很多款，所以我现在不需要再捐款了。"

收银的那位女士在乎吗？毕竟，这不是她自己的生意。我相信，询问每个人是公司的政策。她可能甚至不喜欢问那个问题。或者，做出回应的女人可能会认为，我们这些在排队的人会评判她。她倾向于认为其他人会捐款，她需要一个理由来解释为什么她选择不捐款。这会让她感觉舒服一点，尽管解释与否对在场的人都无关紧要。

当人们感到脆弱或对自己不确定时，更容易产生从众心理。我对排队的那个女人一无所知，但很有可能她实际上并没有为部队做过任何志愿工作。如果是这样，她为什么会这么说？为了克服天生的认为自己需要团队合作的倾向；为了避免罪恶感。当被问及是否愿意捐款时，许多人都会感到不安，就像那些在人行道上不想最后一个过马路的人一样。从众心理的大脑接管了他们的思维。

当然，还有很多时候，我们会被从众效应所激励；当我们不确定什么是最佳选择、缺乏信心或觉得如果陷入困境会有很大风险时，我们可能更依赖它。这就是为什么在投资领域存在很多依赖从众本能而出错的例子。

假设你的同龄人都在赌一件"肯定的事"。你会站出来跟大家打赌吗？许多人对此很难接受，因为我们的大脑更喜欢从众的错误，而不是非从众的正确。换句话说，如果你赌错了，但其他人也赌错了，那么你被嘲笑的可能性要比你与其他人作对，下了一个别人都没有下过的赌注而被嘲笑的可能性要小得多。

想象一下，你被邀请参加一家大型公司的同行会议，该公司希望投资于像你这样的聪明人，他们正在利用这次集体面试来寻找最好的人。你坐下来，看到一张幻灯片，上面有一个非常简单的问题："二加二等于几？"你是小组中的第八个人，当你前面的每个人都回答四、四、四时，你也会跟着这么做。这很容易。

还有类似的几轮，接下来，是另一个看似简单的问题："如果你把红色和黄色混合在一起，你会得到什么颜色？"你脑海中立刻有了答案，并且很自信，直到第一个人自信地说"紫色"。"紫色？"你想，"真可笑"。然后下一个人说紫色，下一个、再下一个都说了紫色。你现在开始焦虑了。你认为是橙色的，但这些人肯定知道一些你不知道的东西。差不多轮到你了，你会怎么说？紫色还是橙色？

研究表明，高达 75% 的被试会给出和团队一致的答案，即使他们知道答案是错误的。你可能会说你不会这么做，但在最激烈的时刻，你从众的潜意识会控制你，迫使你说一些你自己都不相信的话，以免被嘲笑。

要想与团队对抗，需要有坚强的意志和有意识的专注力，而如果团队的这些人和你一样，你的对抗将会更加困难。因此，如果你想给他们留下好印象（或与他们保持一致），你会更倾向于与团队合作，而不是相信自己的直觉，尤其是在你缺乏自信的时候。

你是否注意到酒店里要求重复使用毛巾的标牌提示？他们也会说一些类似重复使用毛巾以节约用水的话，这很好。使用这种策略时，大约 35% 的人会遵守并重复使用毛巾。不错。

如果加上从众效应影响，标牌上写着"75% 的客人重复使用毛巾，请也这样做"，毛巾重复使用率增加了 26%。

他们更进一步说："曾经居住在此房间的客人中，有75%重复使用了毛巾。"

这个说法看起来似乎有点奇怪，但在消息传递方面的这一细微调整——仅仅几个字的差异——却是最有效的，毛巾重复使用率比一开始提高了33%。疯了吧？

这个方法同样可以帮助人们减少能源消耗，或者鼓励人们选择购买更省油的汽车。无论我们是否意识到，我们对从众的渴望是根深蒂固的，它始终在我们的选择中占有一席之地。

你还记得电视节目《偷拍镜头》（*Candid Camera*）吗？里面有一段人们在电梯里面朝奇怪方向的视频。你可以看到，那些没有参加实验的人尽管看起来很困惑，但为了从众，他们也面向电梯的左侧、右侧或后侧，而不是像正常人一样面向前方。类似地，如果你走在街上，看到有人仰望天空——或者更好，有一群人在仰望天空——你也会停下来仰望天空。

道德

人们喜欢成为团体的一员。当人们彼此相似（例如，他们是朋友或邻居，或住在同一个房间的人），或者对自己的知识（如投资策略）不自信时，加入团体的意愿就会增加。

不管你做什么生意，你都是在解决问题。人们购买任何东西的唯一原因是为了解决一个问题（无论是饥饿的问题，还是如何营销他们业务的问题）。问题会使人们感到焦虑或不安。这意味着人们在购买物品时更倾向于采取从众行为，并看看其他人之前都做了些什么。下一章将对此进行详细介绍。

应用从众原理

记住：人类是一个喜欢从众的物种。我们不断寻求团体的认可，依靠他人的行为塑造自己。

自我尝试：在信息传递过程中，有无数环节可以应用从众原理：电子邮件、网站、销售对话、内部沟通。列出五个最适合应用从众原理、让人们更容易采取行动的地方（我们将在下一章介绍如何做到这一点）：

1. _____

2. _____

3. _____

4. _____

5. _____

为练习设置奖励！谈到从众，最让人大开眼界的是意识到你做事情在多大程度上只是因为其他人也在做。留意自己的从众倾向，这样，你就可以找到在未来的商业信息中使用它的机会。以下例子解释了它是如何生效的：

- 为什么你认为需要在 TikTok 上推广业务？是因为它与你的具体目标（以及你的目标市场）匹配，还是因为你担心如果不在 TikTok 上做广告会被人议论？

- 你是什么时候说服自己放弃尝试新事物（申请晋升、

开始做播客、写书、给潜在客户发电子邮件）的？到底是什么阻止你这么做？这是一个坏主意吗？还是你在潜意识里担心自己失败了别人会说什么？

- 在进行投资或购买"不容错过"的新时尚产品之前，考虑一下你（或推广它的人）是否做好了调查。违背群体的恐惧在多大程度上影响了你的行动欲望？

更多关于从众的内容

在以下章节查找从众的相关内容：第 21～22 章。

下一章关于社会证明的内容将会把从众带到另一个层次。要了解更多关于如何运作从众的内容，特别是它对我们在投资方面的影响，请查看"聪明的商业"播客以下两集。

- （第 19 集）从众效应：来吧，听着……其他人都在这样做。学习开始一项活动时，如何在社交媒体上更有效地利用从众心理，并了解为什么像冰桶挑战这样的事情会传播开来。

- （第 30 集）繁荣、泡沫和萧条：为什么我们总是被炒作所吸引（以及我们如何无视炒作）。历史上的投资，从郁金香球茎到豆豆娃和加密货币，一切秘密都在这里！从过去的失败中吸取教训，你才能拥有更好的未来。

第 12 章　社会证明

社会证明的概念是由罗伯特·西奥迪尼（Robert Cialdini）首先提出的。他 1984 年的著作《影响力》（*Influence*）将社会证明作为说服的六大原则之一（其他原则包括互惠、稀缺、权威、一致性和喜好）。

在我看来，社会证明和从众效应有点像鸡和蛋的关系。因为我们是一个有从众心理的物种，我们寻找社会证明来验证我们的决定是否被群体接受，当社会证明存在时，我们从众的可能性更大。哪个在先呢？我不知道这个问题是否有答案，或者它是否真的很重要。重要的是，这些概念是如何影响你的业务的。

正如你在上一章中已经了解的，人类像绵羊、孔雀鱼和其他各种动物一样有从众心理。因此，当我们面临不确定的情况时，我们会寻找线索来帮助自己做出最佳选择。

如果看到很多其他人在过去做出了同样的选择（不管该选择是好是坏），那么这就是我们促使自己做出同样选择的社会证明（下一章将对此进行详细介绍）。

有六种类型的社会证明：

- 专家
- 名人
- 用户
- 群众的智慧
- 朋友的智慧
- 认证

专家

让行业专家提出推荐意见，代表产品或服务发言，能对消费者的大脑产生巨大的影响力。从"80% 的牙医推荐我们的牙膏"到"我不仅是首席执行官，我也是客户"的推荐信，到在我的播客上做客，或在会议或公司培训中谈论行为经济学，这些都可以体现专家的影响力。

专家将光环效应延伸到组织层面（该方法不仅适用于专家，也适用于所有类型的社会证明）。当你请医生（或任何穿制服的人）代言时，你就能从权威偏差中获益——本质上，人们可能更信任穿制服的人，即使他们并非所谈论主题领域的专家。

相比穿着破牛仔裤的人，穿着实验室工作服的人提出的股票建议，会让人感觉更可信，即使穿牛仔裤的人可能对这个话题了解更多。权威人士的专家光环会在所讨论的话题里凸显出来，尽管那个人并不一定有这方面的专业知识。

这就是为什么我建议我的兽医客户在传染病大流行期间进行远程医疗的视频会议时仍然穿着白大褂并戴上听诊器。从逻辑上讲，这身装扮毫无意义。不管你穿什么，也不管你是坐在厨房还是在检查室，你都不能在视频会议上使用听诊器。但是，你现在了解了启动和权威偏差理论——穿"制服"会让人们更容易相信你，并认真对待你的建议。

作为专家，你（或你业务中的某个人）的温柔提醒将会触发社会证明，帮助客户感觉到，从你那里购买或相信你的主张会更舒适。只是不要做得太过分。就像荒谬的损失规避事例一样，如果你用专业知识把人们的大脑撑爆了，结果就会适得其反。

经营业务时，可考虑引入专家与观众进行互动——可以是网络研讨会、脸谱网（Facebook）视频会、推特聊天或做出推荐。

名人

与专家声明类似，请一位名人代言你的产品或服务，会让你真正火爆起来。

谢天谢地，这并不是要你请奥普拉和卡戴珊那样的名人。如今，社交媒体上有一些微影响力者，他们能为品牌带来巨大改变。微影响力者的受众信任他们在细分市场的判断和建议。

大脑需要休息时，我喜欢观看 Instagram 上给蛋糕和饼干撒糖霜的视频。这些制作者总是展示一个特定品牌的裱花嘴、喷洒配料、饼干切割器或食用色素——创意无穷无尽，对关注者来说，他们就是名人。

多数情况下，人们认为做生意的人应尽可能多地接触人。但这并非最好的策略。你需要接触正确的人，能鼓励他们采取行动。

想想你的生意，想想你需要采取什么行动来实现今年的目标。如果你从事服务业，那么目标可能是获得 10 个以上客户，或者你希望把销售额从 20000 台提高到 25000 台。我的公司客户，即使他们每年销量高达数亿，依然不希望有哪怕一个人把他们的销售搞砸。

当你可以瞄准 50000 人，这些人有很大可能性被他们信任的微影响力者引导产生购买行为时，为什么要浪费钱向 500 万人进行一般性营销呢？

这是一项明智的投资，能帮助真正的投资者改善财务状况。我也喜欢与微影响力者合作，你知道，对他们进行投资，在很大程度上就能帮助一个真正的家庭并对其产生真实的影响。

提醒一句：重要的是要有洞察力，并确保名人/微影响力者与你的品牌保持一致（不要只考虑那些容易邀请到或广告费便宜的人）。研究表明，名人的认知个性会塑造品牌的认知个性，为使效应最大，这两种个性的联结应该是相辅相成的（记住本书第 1 部分提到的品牌重要性）。

总的来说，邀请正确的微影响力者代言你的品牌，比邀请错误的大牌名人代言要好。

用户

真实用户在谈论产品时，是有影响力的。当分享产品的人与产品并没有直接利益关系（即，没有支付代言费用）并被视为与潜在购买者一样时，这种影响力会更大。如果你能帮助人们看到，像他们一样的人已经发现了你业务中的价值，这就是一种胜利。

以下是一些展示此类社会证明的方法：

- 演讲时可以用这样的短语，如"去年，我和客户一起工作"，或者"我的会员中有人刚刚问了一个类似的问题"。
- 了解你的听众。如果你与听众职业相似的客户合作过，请引用这些具体合作事例。例如，我给某些群体做主题演讲；概念都是一样的，但在金融服务会议上发言时，我会引用银行客户的例子，在兽医会议上发言时，会引用我的兽医客户的例子。
- 引入大量推荐用语——不要认为必须全部引用，也不要认为必须推荐给某个特定的人。想想电影预告片。我的演讲稿和网站上有很多引用推荐语，比如"很棒""太好了"和"棒极了"。很多引用推荐语是从长篇评论中节选的，当把关键词单独挑出来时，影响力会大得多。

群众的智慧

在推特上关注一个人时，我们如何确定对方是否值得关注？你可能会查看他们的个人资料以了解更多信息，而关注者数量可能会对你的决定产生很大影响。你大脑内部的对话可能是："嗯……只有 500 个关注者？我还是别关注他了。"或者"哇！50000 个关注者！我最好看看他们在干什么！"

尽管这个账户的关注者可能是此人的母亲和 49999 个机器人，但你的大脑在做出仓促决定时并不知道这一点。你会本能地认为，和那些关注者较少的人相比，这个人更有价值，更值得关注。

与此类似，亚马逊上评论数为100000的产品，或者Yelp上评论较多的餐厅给人的感觉是，点评多的一定比点评少的要好。这些买家可能并不像你想象的那样，但你的大脑看到了大量数字，会认为"他们一定知道一些我不了解的情况"，然后你也坐上了追随者的列车。

如果你有很多老客户，或者你的播客有很大的下载量，或者你的YouTube频道有很多订阅者，那么，这些都是值得分享的。

这些数字，即使是侧面展示，也会为人所注意。

关于这一概念，还包括以下表现形式：

- "现在有25人在浏览这架飞往澳大利亚的航班"。
- "优惠价仅剩下2件"（一定有很多人在购买；这也会引发稀缺效应）。
- 麦当劳"服务超过990亿次"的标志。
- 每个角落都有一家星巴克（如果有那么多星巴克，说明它一定很受欢迎）。

朋友的智慧

如果正在分享某个产品、服务或品牌的人正是你所了解、喜欢并信任的人，他将比任何一个随机用户更有分量。

把这个办法应用到你的生意中，最简单的方法是，把脸谱网广告发给那些喜欢你页面的朋友——潜在客户看到广告，页面上会出现类似"梅琳达·帕尔默和其他42个朋友喜欢这个页面"的字样，这将使潜在客户喜欢这个页面的可能性更大。

你也可以邀请人们分享他们使用你产品的照片。通常来说，这也是产品竞争的组成部分。让人们为你贴上标签，这个办法既简单又有趣，也有助于他们的朋友了解你，这反过来会让对方更愿意和你做生意。

这是最有力的社会证明形式之一，但企业并未充分加以利用。你最近一次请客户向他的朋友或家人推荐你是什么时候？只需一句简单的话："有人需要脊骨疗法医生吗？我们这里下周有一个空出的名额。"

我的客户利基护肤品（Niche Skincare），生产一种高端的修复精华液。在该品牌刚上市时，为在产品中加入社会证明，我建议每个盒子中加入一个小样品，并附上一张便笺，鼓励客户向朋友或家人"分享爱"。这张便笺上有一个话题标签（#）和公司在 Instagram 上的网名，以鼓励人们发布和分享使用经历。这样可以鼓励人们进行口头推荐并触发互惠行为（见第 20 章）。

认证

有时候，认证是一种书面上的认可标志，比如，推特上的蓝色复选标记，或产品上的"有机认证"印章。它也可以是你获得的奖项，你的有影响力的客户，你演讲过的地方，或者你写作的出版物，也可以是你的学位，表示你对自己的学习进行了投资，或者一份机构认证的清单，等等。

这种形式的社会证明能让人们在做决定时感到舒适，因为它表明，已经有别人做了大量尽职调查（或者至少他们认为是这样），有助于他们自己在做出相同选择时更有信心。

还有一个类似领域，可以说是自成一派（有些人这样认为），就是获得媒体的肯定。这里指的是，你或你的企业被当地新闻特别报道，或被杂志引用，或以其他方式获得了你（理论上）无法用钱来获得的关注。

若一个产品出现在《早安美国》（*Good Morning America*）或《时代周刊》（*Time*）上，相比付费广告，人们通常会更信任前者。

是的，你需要说出来

我们自主意识大脑经常想："人们肯定知道我们有顾客，我不需要说出来。"研究一再表明，对潜意识的大脑来说，说出来非常非常重要。要向人们展示，其他人已经进行了体验并且很喜欢，这对你赢得更多的客户是非常宝贵的。

社会证明甚至帮助澳大利亚的医生停止了过度使用抗生素——例如，抗生素用量排名前30%的医生收到信件，"你的抗生素处方率高于该地区91%的医生"。这一简单的推动，使抗生素处方在三个月内减少了13.6%——导致当年减少了19万张处方。

应用社会证明原理

记住：因为我们有从众心理，知道其他人以前购买或使用过的产品/服务，能让我们更有信心地前去尝试。

自我尝试：还记得上一章你提到的五个应用从众原理的地方吗？现在就来使用，并确定你可以使用哪种类型的社会证据，以及可能的表达内容：

1. _____
2. _____
3. _____
4. _____
5. _____

更多关于社会证明的内容

在以下章节中找到社会证明的相关内容：第 21 ~ 24 章，第 26 章。

社会证明对于每个从业者都很重要——并非仅仅从事营销和销售工作的团队。在变更管理中，它也很有用，它能像影响客户一样影响后台决策。"聪明的商业"播客的如下两集，将教授更多关于在商业领域应用社会证明的知识：

- （第 87 集）社会证明：如何利用从众心理提高参与度和促进销售。提供了关于六种社会证明类型、工作原理以及如何应用的更多详细信息。

- （第 106 集）网络效应：如何利用群体的力量。脸谱网和优步等社交平台从用户的增加中受益。网络效应与社交证明有所不同，但它是一个很好的补充，值得所有使用或创建社交应用程序和平台的人去理解。

第 13 章　助推和选择架构

　　在行为经济学中，助推的概念是轻轻的触摸或轻触———一种引起注意或帮助事情回到正轨的方式。这个理论建立在理查德·泰勒（Richard Thaler）的工作基础上。泰勒于 2017 年获得诺贝尔经济学奖，与哈佛大学教授卡斯·桑斯坦（Cass Sunstein）合著了《助推》（Nudge）。

　　我最喜欢的助推示例之一是下面这个例子。

　　假设你给学校里的每个孩子足够的资金和许可，让他们在自助餐厅里自由点餐——也不告诉成年人。你认为他们会怎么做？直奔饼干和冰淇淋？

　　现实生活中，我们发现，选择会被环境所影响。排在最前面的东西被选中的可能性要高出 25% ——如果被移到最远处，被选中的可能性要低 25% 。

　　想让孩子（和成年人）选择胡萝卜条而不是炸薯条？把其中一个放在视线范围内，另一个则放在看不见的地方（正如你从"启动"一章中所了解的，也要放在嗅觉范围之外）。

　　假设你了解这方面的知识，考虑一下该如何设计自助餐厅。

你可以把它设计成对学生"最佳"——但谁来定义最佳的概念呢？食品摆放可能是随机的，如果孩子们处在不幸的"甜点优先"摆放模式，你可能会因为一些孩子肥胖而受到谴责。你可能会说，你只是想模仿人们的自由选择，但我们知道，自由选择并不存在，因为正如示例所示，选择会根据选项的呈现方式而改变。

建议选择什么以及如何选择是选择架构师的职责。尽管置身事外可能很吸引人，但是，未提前仔细思考你提出的选择架构，并不意味着你对人们的选择行为就没有造成影响。你确实影响了人们。无意中做的选择，可能会让事情变得更糟（或更好），而你自己并没有意识到这一点。

- 在实体商店中布置物品的方式是选择架构。
- 搜索栏中出现的默认选项会促使人们做出选择。
- 将候选人按字母顺序排列与按字母倒序排列或按资历排列，都会产生不同的结果。

这一切都很重要。看似无关紧要的小细节（这个词又出现了）会对行为和选择产生巨大影响。

根据泰勒和桑斯坦的说法："助推是选择架构的组成方面，它在不禁止选择也不显著改变经济激励的情况下，能以预测的方式改变人们的行为。在纯粹的助推行为中，干预必须简单且廉价。助推不是强制要求。将水果放在与视线水平的货架上可视为助推，禁止垃圾食品则不算。"

总结一下：

1. 一切都很重要。

2. 没有中立的选择。

3. 你注定要成为选择架构师——不管什么形式都会影响选择，因此，最好先了解情况并保持深思熟虑。

4. 助推有助于将复杂的选择简单化，帮助不合逻辑的大脑做出正确的决定。

5. 助推并不是强制要求——需要他们自由选择才能算作助推。

选择架构

虽然选择架构和助推紧密相连，但它们不是一回事。

选择架构师是间接影响他人选择的人。也就是说，你建立了一种机制，他人可以据此来做出自己的选择——选择架构正是你所选择的机制。

助推则是你可以用来影响决策的某种办法，按照所设置的选择构架，帮助决策者尽可能做出最好的决策。

假设你在人力资源部工作，负责提高退休金计划参与率，鼓励参与者多缴纳资金，达到工资 10% 的水平。我们知道，现状偏好是一个影响因素；研究发现，86% 的表示计划在未来几个月内改变缴纳比例的人，在四个月后没有采取任何实质行动。你该如何帮助每个人既能做自己想做的事，又能知道这符合他们的最大利益？

带上你喜欢的选择架构，轻轻助推一下。

也许你应该整理一份所有员工都需要填写的表格。

（注：此表格为强制性表格，退休金计划表不是强制性表格）。

提出选择

表格中应该先列什么内容？列表中的第一项往往被大脑认为

是最重要的，因此建议最好放在开头。是否有默认选项？

你在表格上问了什么问题？

记住，每件事都很重要，包括你解决问题的方式。想想你觉得应如何回答下面的每一个问题：

- 关于退休金计划，我建议：＿＿＿＿＿＿＿＿
- 你希望为你的退休金计划缴纳多少资金？
- 专家建议将工资的 15% 用于 401（k）［注：401（k）为退休金计划］；你希望缴纳多少？

听出区别了吗？

选择架构和助推是复杂的——这个例子里包括了框架、启动、锚定、社会证明和从众，等等，在此仅列举了几个，这还只是问题！

你的选择架构中包括哪些选项？你如何定义它们？你是否只设置了两个选项，"是"或"否"，然后在一行中写下他们想要缴纳的金额？

如果他们什么也不填，那么默认情况是什么？他们是保持个人现状吗？还是他们会听从"专家"意见并开始缴纳 15% 的资金？后者可能是一种非常规的极端做法，但这是一种选择，值得考虑（即使这可能会吓到你的从众大脑）。

也许你可以将选项列为：

- 是的，我想按照专家建议的 15% 的比例来缴纳。
- 是的，我想缴纳，但从 10% 的比例开始。
- 是的，我想以 5% 的比例缴纳。

- 是的，但我想缴纳其他金额。

- 不，我还不想缴纳。

如你所见，有很多种措辞来助推人们缴纳更高金额，但同样，在同一表格上勾选不同的方框，选择退出并说"不，谢谢"也是非常容易的。

人们仍然可以自由选择。他们仍然掌握所有信息（如果你注明了推荐的缴纳比例是 15%，可能这是最有用的信息——是他们也许并不了解的细节）。

如果用好清单，正确的选择架构和助推有助于提高企业盈利能力，有助于人们为退休储蓄更多资金，降低医院感染率和死亡人数，增加器官捐赠，为公园筹集更多资金，帮助人们减少能源消耗，使汽车更安全，帮助你记住将银行卡从 ATM 中取出，等等。

助推

助推（NUDGES）是泰勒和桑斯坦创建的首字母缩略词，用于描述助推的不同类型和方面。包括：

- 激励措施 N（iNcentives）。

- 理解映射 U（Understand Mappings）。

- 默认值 D（Defaults）。

- 自我反馈 G（Give Feedback）。

- 预期误差 E（Expect Error）。

- 结构复杂的选择 S（Structure Complex Choices）。

下面是对上述每一个词的简要解释。

激励措施

激励不仅仅指年终奖金。相反，要询问以下问题：

- 谁使用？
- 谁选择？
- 谁付费？
- 谁获利？

正如你所理解的，这些问题的答案不太可能是同一个人/实体，随着选择越来越复杂，每个问题都可能有多个答案。我们懒惰的大脑不会花足够的时间去考虑谁得到的激励比自己多。这从来都不像"你想要这个吗？是还是否"这样简单。

好的选择架构师懂得如何构造助推举措来调整激励，实现对自己生意、雇员、顾客和社区的最佳效果。我在"聪明的商业"播客上做了一系列有关"助推"的节目，举了一个关于更换和购买暖通空调系统的例子。销售员提供了报价，最后非常随意地问我们是否想要一个可以联网的产品，并说："它的价格与普通款相同，但很多人不想要它……你知道……如果你只想要普通产品，我们也可以提供，你们只需要告诉我你的选择就行。"

我的回应是："可联网的产品有什么作用？"

来了解一下，有了它，意味着我们可以在任何地方、任何时候，用手机上的应用程序改变温度。半夜感到冷，又不想从舒适的被子里钻出来打开暖气？现在可以解决这一问题了！在手机上轻轻敲几下，供热就开始了。作为房主，这显然是更好的选择（尤其在价格没有差异的情况下）。

这促使我开始思考他们的激励措施，所以，让我们重新审视一下以上四个问题。谁使用、谁选择、谁付费，这看起来似乎相当直观，答案就是我丈夫和我。但谁获利这一问题则更复杂一些。简单的答案是"业务"，但这其中可能存在多层次激励。是否有可能销售代表在支持联网的暖通空调产品上获得的佣金偏少？

为了便于讨论，让我们假设，为了使所有商品的价格相同，该公司将高价产品的差价从销售代表的佣金中予以扣除（可能少100美元），这样销售代表的动力是推动我（可能是潜意识地）去购买标准品，因为这对他更有利。

仅仅因为别人口袋里100美元的原因，你就不得不在未来10~20年的午夜里，冒着寒冷去调节温度？你喜欢这个主意吗？我不喜欢。如果能恰当地使用激励，就可以确保顾客得到最好的选择，因为销售人员获得了推销的激励。这是三赢的结果。

总是与钱相关吗？

值得注意的是，并非所有的激励都是金钱激励。事实上，非金钱激励通常比金钱激励更有效。Disaster Avoidance Experts 首席执行官格莱布·齐普斯基在播客上分享了一个为 Edison Welding Institute 做的项目，该项目在他的书《永远不要跟着你的直觉走》中有介绍。该公司鼓励工程师们做更多的营销工作——网络、会议、白皮书、博客，等等——他们尝试了各种各样的经济激励和逻辑解释，解释为什么这对公司很重要，但都无济于事。这时他们找来了格莱布。他的研究发现，工程师们的激励因素是社会地位。因此，他建议该公司将激励与情感因素相结合。与社会地位相关的激励，如月度最佳员工将被授予执行营销任务最出色的工程师。自此，人们的行为也发生了变化。

Behavior Alchemy 创始人蒂姆·胡利汉在节目中与丹·艾瑞里（Dan Ariely）分享了一项关于呼叫中心员工的激励研究。一半人获得了 60～250 美元的现金奖励，其余的人则得到了与现金奖励相当的非货币奖励，包括双筒望远镜、慢炖锅和自行车。每个人都说现金比商品更具激励性；他们想要现金，但非货币组比现金组付出了更多的努力，产出的结果比现金组多 32%。

让我们从非金钱激励的角度重温一下暖通空调的故事。也许销售员没有受过足够的培训，不擅长回答问题。或者，也许可联网的暖通空调背后有一个更烦琐的书面流程，而他希望避免这个过程。

你接下来的问题是，什么是情感激励因素，你如何将其与对公司和客户的正确激励相结合？

默认值

大多数人会坚持默认值，无论默认值是什么。

华盛顿州在所有车辆牌照续费时默认增加了 5 美元的捐赠额，尽管付款时可将这一捐赠轻松删除，但他们改变了默认设置。

第一年，这一变化为州立公园额外筹集了 140 万美元。这么小的变化让人印象深刻，不是吗？

这就是精心设计的默认值的力量。

期待错误并给出反馈

大脑很忙，它们会犯错误。我们忘记带钥匙，把银行卡留在自动取款机上，开车离开时没有盖上加油盖，或者忘记系安全带。（当然，不仅限于开车，看看我们旅行一次可能会犯多少错！）

你知道，当你忘记系好安全带时，汽车会发出怎样的响声吗？这是一种反馈，因为制造商预估到你在某个时候会出错。

列出你的客户可能犯错误的地方。你可以采取什么措施？你可以创造哪些免费的产品和服务来解决这些问题？你如何预测错误来帮助他们对自己的选择产生好感？

是的，确实很简单。但是，选择明智的反馈是很重要的。如果发生每件小事，你的车都会发出叮当声和哔哔声，都有灯光闪烁，那就太过分了；你会开始忽略这些警报，这样它们就不会产生任何作用。

提供反馈不仅限于声音和灯光。以下是一些我很喜欢的事例：

- Glidden 的特殊天花板涂料，刷的时候是亮粉色，干了以后呈白色，来确保整个天花板被涂满。
- 芝加哥一条危险公路的弯道周围，有策略地画出线条，接近转弯时，这些线条会变得更紧密，让你的大脑认为你在加速。这种简单的助推将撞车事故减少了 36%。
- 用手机拍照时发出的咔嗒声。这不是手机功能的一部分，但它减少了人们说"拍了吗？"的次数，让人的体验更好。
- 一个被点击过的网站链接会改变颜色，在加载时，图标会不停地转圈——这些都在阻止你连续点击 65 次（并无意中使运行速度变慢），从而确保电脑正常工作。
- 当大量耗油时，日产车的环保脚踏系统会让油门踏板更难踩下，使驾驶更环保。

通过向人们提供一点反馈，来帮助他们知道自己的行为是正确的，这对整体体验有很大帮助。

理解总体情况以便构造复杂选择

有些任务——如挑选冰淇淋口味——相对容易，而另一些任务——如选择居住地点——则要复杂得多。但在核心上，它们都建立在一个总体市场情况的基础上，泰勒和桑斯坦将其解释为：从选择到结果的路径。

对于冰淇淋，大多数人都知道自己会选择什么口味——特别是，如果只有三种口味：你想要草莓、巧克力还是香草？你有最喜欢的口味，并且大脑中的某类美食信息地图让你知道自己最喜欢的选择。而且，如果有更多的口味——可能是你以前从未尝试过的异国风味，比如柠檬薰衣草或枫叶培根——你可以随时做一个口味测试，确定最喜欢的种类，避免意外地买了一大勺冰淇淋，其味道更像肥皂，而不是美味的东西。

但是更复杂的事情呢，比如选择住所？从选择到结果的地图构建（泰勒和桑斯坦称之为你的"福利"）要难得多。即使只有三个选项可供选择，也有很多变量要考虑，包括价格、位置、通勤、大小、邻居和家具。

任何选择架构师的任务都是建立一个系统，使地图清晰且易于使用，便于选择者选择最佳选项。我创建了一个五步流程，可将其纳入你的业务中：

1. 鼓励仔细周到的审查和开放的心态。

2. 分解。

3. 使它具有相关性。

4. 帮助他们达到目标。

5. 呼吁采取行动。

1. 鼓励仔细周到的审查和开放的心态

对于重大决策，在制定选择架构时，了解你的偏差和选择者的偏差是很重要的。该如何将仔细周到的审查和开放的思想结合起来呢（对你和对选择者）？

这一步在琐碎的决策中并不重要，但仍然有帮助。考虑一下冰淇淋的味道。这不是生死攸关的问题，但如果你有 75 种口味的冰淇淋，它们都有奇怪的名字，比如"钓鱼食品"或"矮胖猴子"，你该如何帮助潜在客户保持开放的心态并尝试新的东西？他们需要知道什么？你如何帮助他们将现有的食物和他们既有的美食地图联系起来？

2. 分解

如果你想制作一张地图，重要的是要了解他人所面临的全部选择。

他们在考虑什么，心理状态如何，应该意识到哪些事项可以帮助他们做出最佳选择？你在构建地图时，应该花一大块时间在这些方面。泰勒、桑斯坦和鲍尔茨（Balz）给出了一个很好的关于使用摄像头的例子。

假设你在尼康工作。客户的选择不仅仅是 Coolpix 或 DSLR 型号，还包括他们是否需要在手机之外单买一台照相机。或者，他们想买奥林巴斯还是佳能？要带有视频功能吗？多少像素？需要相机的时候是应该租一台吗？也许旅行时会带上一次性相机？这很快成为一个令人望而生畏的复杂选择。

将问题分解成各个部分，有助于你创建地图，同样地也能帮助你预测问题，并引导选择者找到正确的建议。你是专家，而他们希望知道自己正在做一个正确的选择，选择他们喜欢的东西。分解这个目标将有助于你带领他们达到目标，然后……

3. 使它具有相关性

使用上一步中的分解内容，思考如何将其与不了解行业术语的人建立联系。在相机世界里，我们面临着高像素的问题。客户倾向于认为像素越高越好——这是很自然的——但如果我从 700 万像素升级到 800 万像素，我能得到什么？1000 万像素呢？10 亿像素呢？大多数非专业人士除了知道会产生更大的文件，并不知道其他区别是什么（这将导致更糟糕的体验）。

你怎样才能使它具有相关性？

如果你放弃了"像素策略"，而把相机照片的清晰度列为：仅限网页、4 ×6 打印、海报尺寸和广告牌尺寸？我知道，我并不需要如此清晰、可以放大到广告牌大小的照片。但当我拍了一张很棒的照片，我会想把它挂在墙上，那么海报尺寸的清晰度即可。非常容易。新的概念和相关路径的连接让我更容易做出决定——这让我感觉很好。

有哪些对你来说显而易见的事情，对你的潜在客户来说，是未知的？他们的潜意识需要知道或听到什么？什么样的经验法则可以让选择变得简单和容易？

一旦解决了这些问题，就到了第四步的时候了。

4. 帮助他们实现目标

一旦知道客户需要什么来做出决定，并且你已经做出了相关选择，你的客户可能仍然需要一些样本，来推动他们迈出这一步。回到相机示例，这可能很简单，只需让他们拍摄一些照片并打印出来即可。回到冰淇淋的示例，你可以做一个口味测试。在上一章"社会证明"的基础上，一个精心设置的证明也可以"帮助他们达到目的"。

5. 呼吁采取行动

有时候，人们看起来似乎知道自己何时准备购买东西，但通常并非如此。

在处理复杂选择时，人们往往有很多变量需要考虑。因此，定期询问人们是否做好了购买准备，或者是否拥有了"立即购买"这一选择，是一个好主意。

这表示的是客户大脑思考的一个停止点："嗯……我有足够的信息吗？"最重要的暗示是，其他人通常在这个阶段购买（从众心理），以此来帮助他们做出购买的决定。

替我包起来

我们人类平均每天做 35000 个决定。大多数决策都应用潜意识大脑规则——就像你在本书中学习的。理解并使用这些规则意味着，你的客户将发现与你做生意更容易，会根据他们的情况选择最佳选项，并对他们的决定感到高兴（你将在第 24 章中了解更多）。

客户在与你的互动中会做出无数选择。请记住，无论你是否提前考虑体系结构，你都会通过呈现信息的方式影响他们的选择。因此，仔细考虑激励、默认值、错误、反馈选项、地图和复杂的选择是很重要的，这样你就可以推动客户做出可能的最佳选择。

应用助推和选择架构

记住：无论你是否意识到这一点，你都是一名优秀的架构师——你可以使用助推来帮你的企业及其客户实现双赢。

自我尝试：在练习助推时，从简单的开始。是的，它可以用于非常复杂的情况，但一些最好的助推往往是小事例，比如，当需要更换冰箱上的过滤器时亮起的灯。我建议从"预期错误/给出反馈"开始。列出你的顾客可能犯错的地方和可能的助推行为，帮助他们回到正轨（考虑所有感官，因为它们是通往潜意识大脑的捷径）：

你认为会有什么错误？

_____

你可以采取哪些助推行为？

_____

另一种助推行为看起来怎么样？

_____

助推行为闻起来像什么？

_____

你还能采取哪些助推举措？

_____

更多关于助推的内容

在以下章节中找到更多关于助推和选择架构的内容：第 23 ~ 26 章。

助推和选择架构有很多应用和精彩例子。要了解更多信息，我强烈推荐《助推》这本书，本章通篇都引用了这本书。我还在"聪明的商业"播客上制作了一个完整的、分为七部分的系列节目介绍助推和选择架构体系，该系列将教授更多应用该知识的商业实践：

- （第35~41集）助推与选择架构：七集系列。介绍助推的各个方面：激励、理解映射、默认设置、给出反馈、预期错误、构建复杂的选择。

- （第109集）动机和激励的秘密，嘉宾是蒂姆·胡利汉。关于什么能够真正激励人们以及如何激励他们，蒂姆有很多令人惊叹的见解。他也是"行为节奏"播客的主持人，我也是他们第109集的嘉宾！

- （第111集）与格莱布·齐普斯基一起避免日常工作中的灾难。有一个你不想搞砸的重大决定？使用本集分享的格莱布五步流程。

第14章 选择的悖论

WHAT YOUR
CUSTOMER
WANTS
AND CAN'T TELL YOU

星期六早上，你和朋友共进早餐。坐定后，你要了吐司，女服务员说："我们有三种抹酱，你要葡萄酱、草莓酱还是橘子酱？"

你能迅速做出选择——也许其中某一种让你的脑海中立刻浮现出"恶心"两个字，也许你已经知道自己的最爱是草莓酱。无论哪种，你都可以快速决策，这是一个简单的决定（用上一章中的语言来说，这是一个简单地图模式）。

如果服务员的回复是："太好了！我们这里专营果酱，你只需说出你的选择即可。我们有各种口味，覆盆子、无糖覆盆子、覆盆子香草、橘子醋栗、草莓、三重浆果、无籽草莓、草莓香脂、葡萄、葡萄薰衣草、柠檬薰衣草、巧克力、巧克力榛子、马里翁浆果、黑莓清风、肉桂糖、豌豆坚果黄油、杏仁黄油、枫糖芒果、菠萝口味，等等。"你可能会目瞪口呆。

现在，这是个非常复杂的选择。你想要带香味的还是甜味的？要无籽的还是无糖的？枫糖芒果味到底是什么味道？他们说有葡萄薰衣草口味？肉桂糖中含糖量有多少……这是一种抹酱还是一种糖屑？花生酱是含粗颗粒花生的还是口感光滑的？

你可能会说："算了，我就喝杯咖啡吧。"

现在，这家餐厅的整体体验让人充满挫折感。一个简单的解决办法是把餐点分组（水果、巧克力、薄荷）以显示出差别，这样，对一个迅速超载的大脑来说，选择不再是各种压力的糅杂。

不知所措的大脑

我们的大脑有多容易被压垮？可能比你想象的要容易得多。

《消费者研究杂志》（*Journal of Consumer Research*）上的一项研究发现，记住几个额外的数字会影响决策。在完成系列任务时，一组人被要求记住一个两位数的数字，另一组人则要记住一个七位数的数字。其中一项任务是研究结束后去选零食。那些记忆简单数字的人更倾向于选择健康的水果沙拉，而只是多记忆了五位数的人更倾向于选择巧克力蛋糕。

你会经常把堆积如山的决策、事实和数字抛到当前客户或潜在客户身上，来试图帮助他们做出更佳决策吗？你是否曾经要求他们记住超过五位数的信息，并让他们同时考虑多件事？你这样很可能会把他们的大脑压垮，把整件事搞得一团糟。

时间压力

另一种让大脑不知所措的方法是限制我们的行动时间。

时间压力会让你的大脑充斥着让你不知所措的化学物质，感到自己需要马上行动才不会犯错，才不会错过机会。收获不需要太大，唯一需要的是在截止日期前采取行动。

如果时间不受限，你会更冷静，会在决定前有意识地去思考、处理和评估。但是有时间压力的情况下？自主意识快让开！你太慢了，我已经搞定了。

也许效率很高。但效果好吗？那就不一定了。

时间压力是一种压力，对此你可能不会感到惊讶。你已经感受到了——购买音乐会门票时，看着 Ticketmaster 网站上的小时钟一秒一秒地倒数，而你还在笨手笨脚地找信用卡，焦虑就会油然而生。

你感到焦虑、担忧和压力。输入银行卡号时，你的手可能在颤抖，点击"购买"前，你会冲动地检查数字四到五次，然后页面加载时，你会喘着气咕哝着"加油……加油……"。

脑海里没有时钟嘀嗒嘀嗒的响声？那就是更便捷舒适的购买体验了。

假日消费

一般来说，消费者在做出购买决定之前会访问几次网站，然后平均购买 1.2 件商品。假期呢？他们更有可能只访问一次，但平均购买 3.5 件商品！这可能是因为人们有为他人购买礼物的习惯，但这同样是被时间压力影响的结果。

有多少日常交易、限量产品和购物车计时时钟正在影响我们的假日决定（这个决定会被假日里的难以忍受的其他体验所逼迫）？

准备节日派对！做好接待家人拜访的准备！买礼物（包装、投递）！大脑显然已经不堪重负，不知所措的大脑会做出更糟糕的决定。施加时间压力会改变我们评估选择的方式。

> 时间富裕 = 风险厌恶
> 时间压力 = 损失厌恶

有足够的时间时，人们往往会厌恶风险。因为不想做错误的选择，所以我们会评估决策风险。但是，当施加时间压力时，我们变得非常厌恶损失——此时，害怕错过机会的心理占据了上风。

时间压力可能会鼓励人们购买额外的物品或"以防万一"的东西，尤其是在这些物品与折扣、高额回报政策或福利相结合时。

限期工作

许多人认为，我们"在有截止日期的情况下工作得更好"——但这是真的吗？事实证明，在时间限制下，人们的创造力会降低。想想看，这并不奇怪。虽然你可能会更加专注于当下，身心投入完成手头的任务，但这并不意味着，你在时间压力下完成的工作比没有时钟在你身边滴答作响时所完成的工作质量更好。

在思考品牌和策略时，要考虑你的大脑有多大的创造性。做蓝图规划和目标设定时（在应用本书知识时，你会做的事情），最好有一个无时间压力下的冷静头脑。留出专门的时间来放松和思考，结果会大不相同。

在你睡觉、洗澡或出去跑步时，是否有过新想法？因为这种情况下，你的大脑得到了放松，压力获得了释放，思考更具创造性——你可以自行计划思维漫游的时间，来产生想法并将其融入日常。

反直觉地缩短通话时间

《行为商业》一书的作者、BVA 英国公司助推部门首席执行官理查德·查塔韦和我分享了一个故事，讲的是一家大型储蓄银行（超过 2000 万客户）的项目。

该银行希望缩短客户服务部门的通话时间来节省资金，同时提高效率和满意度。理查德和他的团队在研究中发现了一个问题，让人们准确地回答安全问题（首要解决的障碍之一）造成了很多不必要的麻烦。员工不经意间把客户的大脑压垮，带来一个更耗时和更困难的业务流程。

压垮人的第一点是银行员工所说的"如果你没能回答这个问题，我们就帮不了你"。这句话给大脑造成了很大的压力。一个简单的语言转换"在你准确回答这个问题后，我们可以继续解决你的问题"就能减轻人们的压力，让他们顺利进入下一步。

于是，BVA 团队建议银行员工在询问了安全问题后说一句"慢慢来"，银行对此感到犹豫不决。你和客户已经通话很长时间了，还在客户给出答案时主动说慢慢来，这似乎是违反直觉的。但当人们被告知慢慢来时，他们正确回答问题的可能性更大——因为缓解了大脑无法承受的时间压力。多花点时间把第一个问题回答正确，能减少大量的挫折感和时间消耗。客户和员工的满意度提高了，同时平均通话时间缩短了 11%。对于一家规模如此之大的公司来说，这可能意味着每年有数百万人因为简单而减少了压力。

当你想应用本书中的行为概念时，记得要始终把压力作为这个过程的核心。罗杰·杜利在他的《摩擦》一书中给出了减少压力的神奇事例，我在播客第 72 集中进行了讨论。你可能会感到惊讶的是：从费用报告到网站，有多少摩擦点给你的业务带来了难以忍受的压力。运用本书中的行为助推和其他工具来减少大脑中的压力，可以让你在绩效转变和满意度得分上创造奇迹。

小步骤

在帮助客户减少压力而简化购买过程时，我们首先要明确这个过程中的一些小步骤。每一步都是最终决定购买你服务的人需要做的微决策。

通常，人们把这个过程视为"我们发送电子邮件/直邮样品/在线广告，然后他们购买"——但在这一过程中还有很多小步骤。想一想社交媒体上的广告：

- 登录社交媒体渠道。
- 算法决定广告应该合潜在客户的胃口。
- 广告必须足够有趣，能吸引潜在客户的注意力并停下来观看。
- 阅读标题，继续有足够的兴趣浏览简短的文本。
- 非常关注，点击"查看更多"并继续阅读。
- 阅读足够多的内容，理解行动要求。
- 选择离开社交媒体渠道（充满了对大脑的奖励）开始立即行动。
- 一旦进入页面，能保持足够的冲动，找到他们应该做的事情（假设是填写一个完整的表单）。
- 该表格应易于填写，能快速完成（每个方框都是一个步骤）。
- 点击发送或提交。

我们的大脑很容易分心，它每秒要评估 1100 万比特的信息，在使用这样的大脑时，最重要的是能思考到这些过程中的所有要点——甚至对于像脸谱网广告（或网站登录页面、电子邮件广告及直邮产品）一样简单的事情也是如此。

第 24 章专门介绍了我的"一系列小步骤"方法，但我希望你在阅读接下来的几章前，现在就先了解这个思路。

减少选择悖论

记住：人脑很容易崩溃。要减少摩擦、减少时间压力、减少不必要的选择和压力，来改善客户和员工的体验和满意度。

自我尝试：查看你的购买过程：

- 有多少选择和微决策？
- 对人们来说，选择架构是否合理？是否易于选择？还是会用 50 种果酱去轰炸他们？
- 人们在每一刻都需要知道什么？
- 之后他们能了解到什么？
- 哪些方面对你的团队有利，但对客户不利？
- 什么是流线型、无摩擦的体验？

专业提示：对已存在的东西，不要去寻找哪里还能修剪，而应该考虑最简单的版本是什么样子。例如，我们为客户做网站体验时，当讨论新站点需要什么时，我从不让他们提起现有的网站。新的简化体验不应该受到现状偏好和对既存事物的损失厌恶的影响。

更多关于选择悖论的内容

在如下章节找到更多选择悖论相关内容：第 24~26 章。

我认为，任何一家企业都能从减少摩擦中获益。即使客户告诉你，他们想要更多的选择，这可能会成为一个障碍，让他们陷入困境，所以要对选择和细节过多保持警惕性。你可以通过"聪明的商业"播客来扩展你的知识：

- （第 32 集）不知所措的大脑及其对决策的影响。关于巧克力蛋糕研究的更多细节，我还提供了关于如何克服压力的小贴士。

- （第 72 集）摩擦：什么是摩擦以及如何减少摩擦。采访罗杰·杜利，了解他的精彩著作以及如何减少业务摩擦。

- （第 74 集）时间压力：时钟滴答作响的压力。时间压力与稀缺和损失厌恶有何不同，以及如何在业务中使用时间压力。

- （第 134 集）如何将行为科学成功应用于商业。对理查德·查塔韦的采访，介绍了许多在商业中使用行为经济学的精彩事例。

第 15 章 分 区

星期五晚上。你要在 Netflix 网站上看一期狂欢节节目，得准备点零食了。食品储藏室有一大袋未开封的、适合派对的薯片和大约十袋小包的薯片。你会选择哪一种？

如果你选择了大袋包装，会比选择独立包装吃得多——即使你把这两种都拿到了沙发上。

当一些东西被分成更小的部分，需要你采取行动来获得更多（抓起并打开另一个袋子或盒子），这就产生了一个新的决策点——一个小的交易成本——撕开另一份、继续吃下去的人数将大大减少。

不断地把手伸进打开的薯片袋则要容易得多；你已经做出了打开袋子吃的决定，每次伸进袋子都只是支持你之前做出的决定。对你的大脑来说，不管分量大小，都会全部吃光，除非你碰到了某种障碍（比如袋底空空或胃痛）。

你怎么知道自己什么时候吃饱了呢？

多年来的多项研究已经证明，胃部的感觉并不是最好的衡量标准。例如，食用大量通心粉和奶酪的人多吃了 27% ——但摄入的量并没有影响人们的饱腹感。另一项研究发现，在大号杯子上加上刻度线可以作为一种衡量标准，这样人们就可以看到自己的饮用量，从而减少摄入。

显然，食物的摄入量和分量是由我们的眼睛而不是胃鉴定的。

每次的决定（打开一个新包装，看到杯子上的刻度线，要求再加一杯）都可以增强人们对产品和品牌的认知，增加认知的处理量。不管你是从企业还是消费者的角度来考虑，这都可能是好事，也可能是坏事。

在某些情形下，你想取消选择，因为反复停下来考虑某个决定可能会导致某些人改变主意。试想一下，如果 Netflix 问你是否想继续订阅，这样你每个月都必须重新选择，那他们的订阅者会少很多，且并非所有人都乐意做这种选择。

其他时候，你希望有更多选择来获得分区的益处。除了不自觉的多食用或多消费，企业可以使用相同的逻辑来帮助员工更具创造性地思考。也许每天会弹出几次通知，鼓励他们四下交流，思考任意的业务问题。此类分区可以帮助员工在一整天的不同时段都在应用他们的大脑，思考使公司更好的各种方法。双赢。

即使是看似微不足道的更改也会触发分区。它所需要做的就是让用户停下来思考——哪怕只是一秒钟。但请注意，这种效果会随着时间的推移而减弱。

你知道饼干包装袋里放在饼干之间的小白纸片吗？

小白纸片很普遍，它并没有减少消费。尽管与没有分区相比，分区以后人们吃饼干要花费更长的时间，但 94% 的人仍然吃完了所有饼干。但是，当在一堆 20 块饼干之中引入不同颜色的分区时，参与者吃得更慢，并且只有 22% 的人吃完了所有的饼干！

吸引有意识大脑的注意力很重要。

不只是食物

分区所影响的不仅仅是我们的嘴和胃；它对金钱单位也有很大的影响。在一项研究中，被试收到的信封里总共有 100 张代币可供赌博。没有人必须参与赌博；他们可以把代币兑换成美元，每个人都可以随时选择兑换。下面是各小组的分区情况：

- 1 个信封和 100 张代币。
- 4 个信封，每个信封包含 25 张代币。
- 10 个信封，每个信封 10 张代币。

如果你知道，一旦打开一个信封，信封里所有的代币都将被投入赌博，你可能不会感到惊讶。尽管如此，这可能并不会动摇你思考的方式。

最有可能一毛不拔的是单信封组，但那些打开信封的人往往不会剩下代币。10 个信封组的人打开的信封最多，但也没有超过 4 个。而 4 个信封组的人大多数停在 3 个信封，但这意味着他们仍然比 10 个信封组的人更多地参与到赌博中：

- 打开 10 个信封中的 4 个 =40 张代币供赌博
- 打开 4 个信封中的 3 个 =75 张代币供赌博

看出来了吗？你很容易被自己的大脑所欺骗，认为"只打开

3 个"已经做得很好了。但是你没有意识到，如果代币以不同方式分割，你会花更少的钱。而且，你可能甚至没有意识到这一区别，并且会对自己有节制、只拿出 100 张代币中的 75 张来赌博而感到高兴，就像你在 10 个信封中只打开了一半信封一样。

打开信封的数量会诱使你的大脑想赌更多。

记住，在这种情况下，没有什么能阻止你或迫使你继续下去。单信封组中的人无法停留在 25 张、50 张或 75 张代币，这是没有理由的；但即使没有微小的交易成本，在那一瞬间，他们把代币放在一个新信封中的可能性也是很小的。

人们还发现，分钱可以帮助人们多储蓄或少花钱。在中国和印度农村进行的一项研究发现，工资用四个信封包装的工人比工资装在一个信封的工人储蓄得更多。

这就是所谓的购物动量效应。本质上，一旦你开始消费，你就更有可能再次消费，直到你碰到一个分区。

这种划分可能包括拆开大额账单，也可能包括转移到第二个心理账户（从支票到储蓄，从借记卡到信用卡，或到第二张信用卡）。

这就是商店会努力让人们购买亏本出售的廉价产品的原因，因为一旦你从"只是浏览"过渡到"购买"，在你遇到新的分区或障碍之前，你很可能会一直处于这种模式。有一些非常酷的研究表明，你甚至不必实际购买，但只要以正确的方式思考购买，就足以过渡到新模式，从而购买不必要的物品。

在业务中使用分区

分区影响的不仅仅是吃饭、消费和物理屏障。任何认知干预——让用户停下来并思考的事物——都会触发分区（无论是好是坏）。这可以通过声音、反问、目标或进度标记、运输成本来实现。

声音：如果你的空调不是一整天都保持相同的温度，而是每隔几个小时就关掉一次，然后发出叮当声，让你决定是否重新打开空调，以及何时打开，被迫站起来打开空调，可能会促使你等几个小时，消耗更少的能量。

反问：有一次，在波特兰机场，我和丈夫决定在漫长的旅行前买一大袋杏仁。我们买了很多杏仁，也知道价格比杂货店贵一点，但不是机场的天文数字价格。把要买的东西交给收银员后，她拿出杏仁说："你知道这些东西多少钱吗?"

我们互相看了看，耸耸肩，说："嗯……我想我知道吧?"她说："12.99 美元。你确定要买吗?"（带着一种明显暗示的面部表情。）

我们对自己毫无顾忌购买杏仁的行为而感到羞愧，于是决定不再购买——尽管我们很想要，而且对价格也没有疑问。但收银员提起这件事，迫使我们重新思考自己的决定，这引起了预期的后悔，大大降低了我们在那里的总花费。我敢肯定，这对她这个收银员没什么影响，但企业可能对此并不满意。

然而，这是一个很好的例子，说明错误的衡量标准会对你的业务产生负面影响。

收银员这么做可能是因为，很多人买了一大袋杏仁，抱怨它有多昂贵，然后又来退货。也许公司让收银员在有人购买杏仁时向对方确认他们知道价格。这已经造成了一个负面循环，收银员提出的要求造成了一个分区，迫使顾客重新考虑购买行为，这意味着公司出售的杏仁量更少。收银员甚至会报告说："是的，我们就知道！这么多人在听到价格后把袋装杏仁放了回去。我们减少了这么多退货情况！"

他们可能没必要阻止客户购买杏仁，这些客户本来会对他们购买杏仁的决定感到满意——但在与公司互动之后，他们现在对自己的感觉更糟了。这是一个两败俱伤的局面，在这种情况下，添加一个分区对所有相关人员来说都是最糟糕的。

说服人们放弃购买或让他们对购买感到不快（或开始后悔）是很容易的，即使是在你试图提供帮助的时候。

不断地询问"你确定吗？"会创建不必要的分区。每个人最终都会说："我也不确定。"当有人决定购买时——停下，别买了。好，你已经成功阻止了他们。如果他们感到后悔，可以退回来，但那是他们的事，不是你的事——尤其不要让分区发生在交易之前。

目标和进度标记：找出未来的里程碑时刻，它可以作为一个分区点，并预先设置检查。例如，如果一个潜在客户现在还不能跟你合作，你可以说："没问题，我的许多客户在8月份做预算；等你确定了明年的优先事项时，我可以回过头来再与你确认一下吗？"

基于选择悖论的例子，你现在知道，你对前景的每一步都是一个分区——一个让他们重新考虑或忘记的点。在销售过程中，它可能像一封来回多次的电子邮件那么简单。作为一名销售人员（不管销售什么物品），你的工作是要使与你做生意尽可能容易。想一想你在会议或社交活动中遇到的每一个人，有多少人是你真正感兴趣的合作伙伴，但却忙得没时间跟进（六个月后，你觉得有点不好意思和对方联络，所以他们更容易为竞争对手所招揽）？

当那个人把卡片递给你，他们可能会说"准备好了给我打电话"，或者说"来，看看我们的网站，如果你有任何问题，请告诉我"。这是一个不必要的分区，会让与他们的合作更加困难。

正如Sales Maven的首席执行官尼基·劳希（Nikki Rausch）所说，与其把你的名片递给别人，说"准备好了就给我打电话"，不如说："我们现在就安排一次回电。周三怎么样？"这样就在他们的日程表上放置了一个重要的分区——一个预先安排好的电话——与你未经预约就给他们打电话进行跟进相比，他们更可能保留这个分区。

运输成本：最近，我在一家小企业的网站上买了一个剃须刀架。看中的物品售价6.99美元，我想购买它来解决我的问题。我点击"购买"——看到额外的运费是3.99美元。这个东西很小，重量不超过两盎司；也可以很容易地装在一个普通的信封里，再加上几张邮票。于是，我花了将近三个星期的时间苦苦思索我是否应该买这个东西，重新访问这个网站并查看购物车，考虑我是否应该在亚马逊上购买，甚至问我丈夫它是否值得。

事情是这样的：如果它卖 9.99 美元，免费送货，我会立即买下它（并兴奋地等待它的到来）。现在，整个品牌和体验都被这种分区所玷污。

尽可能将所有费用（运输、搬运、交易）包括在总价中，即使是重型物品。我的一位客户销售加重毛毯，采取了免费送货政策并取得了巨大成功。人们对免费送货比对商品价格差异更感兴趣。但是，我并不推荐一美元运费模式。如果你能花一块钱做这件事，你就可以免费做。

应用分区相关原理

记住：让人们与你做生意的过程变得简便快捷。删除过程中不必要的分区，每个人都会更快乐。

自我尝试：看看你购买过程中的每一步——有多少是真正必要的？是否有可以删除的分区或额外步骤？如果你有一张表格，销售人员以这张表格来安排电话访问以了解客户信息，其中有多少分区（以及多少分区是"必需的"）？实际上只需要多少分区？

把完成这一步所需的非必要事物都删掉，你会惊讶地发现，将有多少潜在客户进入你的大门。（当然，这也适用于产品业务。按照相同的步骤查找不必要的分区，如运费和额外的包装费。你可以删除哪些环节？）

更多关于分区的内容

在以下章节找到更多关于分区的内容：第 24 章。

在"聪明的商业"播客如下三集中，了解更多有关分区的信息，使其帮助你轻松开展业务：

- （第 56 集）心理会计：如何让金融数学为你工作。本章简要提及了心理会计；如果你想了解更多，请查看这一集。
- （第 58 集）分区：为什么打开大包装的薯片，我们会吃得更多。了解更多关于在业务中应用分区的研究和技巧。
- （第 96 集）如何让人们与你做生意变得简易方便。采访神经语言编程专家尼基·劳希。

第 16 章　支付的痛苦

WHAT YOUR
CUSTOMER
WANTS
AND CAN'T TELL YOU

在金·卡戴珊（Kim Kardashian）"打破互联网神话"的 18 年前，美国在线（AOL）早在 1996 年就通过推出新的定价模式，击败了她。在此之前，你需要购买上网时间：

- 每月 20 小时，收费 19.95 美元。
- 每月 5 小时，收费 9.95 美元。

大多数人选择 20 小时模式，每月使用 10 ~ 15 小时。我相信美国在线的某些人会这样说："你知道，'无限使用'听起来太棒了。我们应该把它放在广告中，这可能是一个双赢的结果！"他们可能认为，放开限制后大多数人的使用量仍会少于 20 小时，所以这没什么大不了的。

毕竟，上网 10 小时的人在达到 20 小时的限制之前仍然有足够的空间，最终会控制在 10 ~ 15 个小时，对吗？

这么说完全合乎逻辑。但实际上完全错了。

使用量在一夜之间翻了四倍，美国在线难以招架。由此导致了服务问题以及各种各样的问题——该公司甚至被一些用户起诉。

怎么搞的？为什么每个人在无限接入互联网后都发疯了？

显然，你每次登录，角落里都会有一个小钟表。如果 25 年前你使用过美国在线，可能还记得它一直在滴答滴答地计算你的上网时间。这让你在意识大脑里保持着时间压力，它不断提醒你可能很快就会超过限额。

没有时间限制＝没有时钟。

我们都知道，被互联网上的兔子洞所吸引非常容易，而难以意识到从一个网站跳到另一个网站所花费的时间。如果没有一个巨大的时钟来提醒你超出限制的痛苦，你就会随心所欲地冲浪。美国在线以艰难的方式吸取了教训。

这也是为什么优步比传统出租车更好用，在传统出租车上，你坐在车流中看着计价器滴答作响。想一想，如果出现以下情况，你的购买/用户体验会有什么不同：

- 健身房按照使用健身设施的时间或踩踏的步数来收费。
- 餐厅不按每道菜收费，而是按照你咬的口数来收费。
- Netflix 设置一个运行时钟，按照每 15 分钟或每观看一个节目的方式收费。

通常来说，经常性地提醒客户付款和提示价格是一种糟糕的商业模式。支付过程有一种非常真实的痛苦体验——研究表明，人们在支付款项时，脑岛（大脑中的疼痛中心）会亮起。对我们人类来说，这种情感上的痛苦就像身体上的痛苦。幸运的是，正如优步和美国在线所发现的那样，有一些方法可以帮助人们在购买物品时减轻痛苦。

有趣的是，当支付的是时间而不是金钱时（例如，等待时间很长），情况正好相反。向人们讲述过程和幕后发生的事，可以让等待时间变得更容易忍受。这就是为什么达美乐有比萨饼跟踪器；联邦快递、UPS 和亚马逊提供物流动态更新；为什么优步的拼车（Express POOL）服务有更多的步骤和更长的操作等待时间，内置了显示等待时间计算方法或实时显示流程的选项。知识能让等待时间变得更容易忍受。

当痛苦是由金钱支付所造成时，背景环境是极其重要的。考虑这两种情况：

- 你家里的地毯已经用了十年，看起来有点脏，所以你去询问了一个报价。换上全新的同款客厅地毯将花费 2500 美元。

- 几个月来，你一直在关注一块漂亮的手工地毯，最终决定买下它装饰你的客厅。2500 美元是一笔挥霍，但你喜欢它的图案。

为什么这两种体验感觉不同？刷信用卡，换上同款地毯会让你感到痛苦吗？而买手工地毯则会带来一种肾上腺素释放的兴奋体验？

二者都是地板上的地毯——人们都会踩上去——但人们对购买的感觉会影响他们的购买行为。当你思考购买体验时，了解这一背景是很重要的。有一些重要的连续问题需要考虑：

- 这是一笔投资（增值）还是一次消费（贬值）？
- 人们能享受多长时间？
- 能持续多久？
- 奖励是如何为人们所看到的？
- 向他人证明费用的合理性有多容易？

- 这是常规购物（必需品）还是奢侈品购买行为？

- 这是一份礼物吗？

- 消费之前付款还是消费之后付款？

- 这是解决该问题所需的唯一付款，还是有额外费用需要支付？

- 卖方的动机和故事是什么？

手工地毯是一种奢侈品投资，你希望随着时间的推移，它会升值（如果搬家，你可以随身携带）。你预计这块地毯能使用很长一段时间，你可以每天享用其优点，因为你喜欢它的外观。这将使奖励变得显而易见，并且很容易向其他人证明："我知道这有点奢侈——但看看它！"你可以在脑海中讲述一个故事，关于谁在手工编织这张地毯——也许你是在支持一个个体创业者。

而普通地毯呢，你已经知道几年后这东西会有多脏多旧——你所预期的就是贬值。如果搬家，你可能不会带上它，任何来你家的人可能都不会注意到你对地毯进行了更换。如果你是从一家大公司买的，你就不会和这家公司再发生什么关系，甚至可能会质疑他们的动机："我的意思是，得了吧——花 2500 美元买同样的地毯？这简直是抢劫！我敢打赌他们就是在标高价。"

> 支付和消费有某种互惠关系，因为支付会减少消费的乐趣，而消费也会减少支付的痛苦。当痛苦与收获完全分离时，你对其中一个的感觉会比另一个强烈得多，或对两者的感觉都很清晰。
>
> 例如，当用信用卡支付时，疼痛就会消除。你所拥有的只是得到一个新玩具的喜悦——直到收到账单，你才会体验到痛苦（没有收获的痛苦可能就只是痛苦）。

先付还是后付？

好消息——你要去度假了！选择你的体验：

- 情景一：在你前往一价全包酒店的海滩上享用玛格丽特酒之前，你需要支付整个行程的费用。短途旅行、酒店和航班都是预付费的，所以你可以只管放松和充电。
- 情景二：你有相同的短途旅行、酒店、航班——相同的玛格丽特酒——最后都会记账，你回家两个月后会收到账单。所有的快乐都消失了（放松感已经完全消失），现在你感到压力重重，诅咒自己造成了太多的额外支出。

一般来说，奢侈品、体验和活动采用预付款的方式感觉会更好。在体验开始之前摆脱支付的痛苦意味着，你可以在没有任何可怕的支付痛苦的情况下获得所有收益的喜悦。而提前付款也没有那么痛苦，因为你对即将到来的旅行有着期待——一旦你到达目的地，你就会享受到乐趣。事后，这种乐趣可能让你感觉之前所付出的金额并不值得。

另外，人们会随着时间的推移从大件商品中获得很多价值（房子、汽车、洗衣机），这让边享受物品边付款的效果更好。人们通常不介意每月支付抵押贷款，因为他们每天都住在房子里。如果他们只能在预付全款的情况下才能住进房子，那么拥有房子的人就会少很多。

吝啬鬼和挥霍者

虽然大部分人（约60%）是正常的消费者，但另有两个群体需要记住：吝啬鬼和挥霍者。吝啬鬼约占总人口的25%。支付的痛苦超出了他们的承受能力——所以他们不买自己所需要的或渴望的东西，因为放弃金钱太难了。

> 吝啬鬼和节俭者不一样，因为他们的动机不同。节俭的人寻找省钱的乐趣，有可能省下一大笔——吝啬鬼则是避免支付的痛苦。有些人可能既节俭又吝啬，但二者并不相同。

与吝啬鬼相反的是那些花钱太多、太容易，而且在花钱之前或花钱过程中感觉不到适当痛苦的人；他们被称为挥霍者（剩下的15%是他们）。

可以做一些简单的框架变化，比如说，"仅需五美元小额费用"（而不是"五美元费用"），这让每个人都更容易购买。此外，指出某些花费是投资，也可以减少吝啬鬼花钱的痛苦（而不会对其他两个群体产生负面影响）。这些框架的重新设置可以使吝啬鬼的购买体验更好（压力更小，冲突更少），从长远来看，实际上可以让他们对购买感到更快乐。

而一个对每个人都有效的策略是，将货币从等式中完全剥离出来。

代币、筹码和礼物

随着时间的推移，大脑熟知本国货币的价值。美国人本能地知道 1 美元、25 美分、10 美分、5 美分的价值，所以对支付感到痛苦是我们的本能。在国外旅行时，使用欧元、日元或英镑，则感觉像是用钱做游戏。所以消费起来更容易，也不会感到痛苦。

> 去掉美元符号和千分符有助于使数字看起来更小，不会引发同样程度的支付痛苦。这是一种框架形式，可以改变购买决策。看看下面的内容，看看它们有什么不同：
>
> - 4,272.00 美元
> - 4,272 美元
> - 4272 美元
> - 4272

将货币转换为筹码或代币（如赌场）将使其比所代表的货币更容易促成消费。

而且，如果你能将产品或服务定位为礼物，人们会更乐意消费——因为这会让他们感觉良好。比如，我看中了一个昂贵的 Kate Spade 钱包。它看起来很奢侈，我可能会因为自己买它而产生内疚感。但如果我丈夫把它作为礼物送给我（从我们的共同支票账户中支付——与我花费的钱数完全相同），那感觉棒极了！他同样没有支付痛苦，因为他很乐意赠送我喜欢的东西，而我因为没有亲自为自己买东西，所以也没有痛苦。双赢。

你的工作是找出买家需要什么，什么对他们最有利，并以一种痛苦最小的方式呈现给他们，让他们享受花钱的乐趣。

应用支付的痛苦原理

记住：人们更喜欢提前为奢侈品和体验买单；高价消费品可

以在事后支付；礼物对每个人都有好处。

自我尝试：你的产品能否让人兴奋？（老实说！）在设置最佳的支付结构以减少支付的痛苦时，重要的一点是要搞清楚你卖的是普通地毯还是手工地毯。

奖金机会：找到一种商品，使用诸如"仅需五美元小额费用"这样的语言，来使每个人（包括吝啬鬼）都乐于从你那儿购买商品。

更多关于支付的痛苦的内容

在以下章节找到更多关于支付的痛苦的内容：第 25 章。

还有很多关于支付的痛苦的有趣细节未纳入本书。观看"聪明的商业"播客这一集，了解更多关于让人们更容易产生购买的信息：

- （第 59 集）支付的痛苦：为什么购买第一件物品最难。了解更多关于吝啬鬼和挥霍者的细节，使用代币和筹码作为货币的技巧，以及如何让减少支付痛苦成为影响你生意的因素。

第17章 惊 喜

WHAT YOUR
CUSTOMER
WANTS
AND CAN'T TELL YOU

HuchtaHvIS'uy'moH。

如果你手边有必应（Bing）翻译器，便可查到这句克林贡语意味着"喜悦的前提是没有期望"。

《星际迷航》中虚构物种的语言克林贡语是如何进入必应翻译软件的？这么做为什么值得？想象一下，你为微软团队工作——不断与谷歌翻译竞争各种功能的更新。对商业问题的传统看法会让人觉得翻译软件市场没有惊喜的余地。我的意思是，如果不需要翻译东西，就没有人会去找翻译器。

加入克林贡语比表面上看起来要复杂得多。马特·沃拉尔特（Matt Wallaert）是《以终为始》（*Start at the End*）一书的作者，也是微软前行为科学总监，他告诉我："因为所有克林贡语都来自电影或电视，你可以很容易地找到这种语言中一些以前没有人说过的词。"

这就留下了很多空白需要填补，而这门语言是为了打破地球上每一种语言的规则而故意创造的。马特说："你不能说'你好'，因为克林贡人不会这么说——他们只会说'你想要什么?'。由于几乎没有平行文本，构建机器翻译模型是一项极具挑战性的任务。"

但它创造了一个不可否认的机会，激发了惊喜和喜悦，并使必应与众不同。《星际迷航：暗黑无界》很快就要上映了，新系列中的第一批说克林贡语的角色要来了。马特解释了为什么这是产生惊喜的绝佳机会：

1. 对一个专注的团队来说，创新是一件令人愉快的事。当时，只有极少数人能说"流利"的克林贡语——他们对克林贡语充满了难以置信的热情。在《星际迷航》新片上映之前参与克林贡语翻译器的创建是将梦想变成了现实，这是他们之前未曾预料的。

2. 口碑的传播。这也意味着，翻译人员有很多机会分享必应翻译软件有多酷，并让人们口口相传。这会让《星际迷航》的其他粉丝们兴奋不已，动力满满地去查看如何用克林贡语说话，这一切仅仅因为克林贡语的使用者是这样一个能发声的粉丝群体。

3. 有很多让人兴奋的小机会。在好莱坞的电影首映式上，宣布手机静音的提示语言就是克林贡语。还会有一些特殊的手机，让与会者拍下空间中随处可见的克林贡语，并能立即翻译出来（包括马特头发造型上的一句话——这是在奉献快乐）。世界上最好的克林贡语演讲者，碰巧在微软工作，他将出现在首映式后小聚会的必应展位上。这些都是传播快乐和兴奋的更多机会。

满足感并非喜悦

许多人认为，不满、满意和喜悦之间存在线性关系，但事实并非如此。你无法做更多令人满意的事情来让别人高兴，因为"超级满意"仍然只是满意而已。

相反，客户体验的衡量尺度如下所示：

愤怒——不满——满意——喜悦

如果你思考两个消极体验（不满和愤怒）和两个积极体验（满意和喜悦），它们之间的真正区别是惊讶。当你有一个令人惊讶的积极体验时，比如一个功能齐全的克林贡语翻译器，它会带来喜悦。意外的、令人惊讶的消极体验？那么愤怒就会出现了。

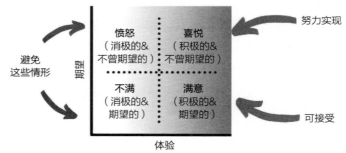

满意、喜悦和期望之间的真正关系。

人们所期望的一切都关乎满足感。如果客户有一个期望，他们会对达到的水平感到满意或不满意。（我希望翻译器能提供正确的意大利语翻译——如果没有，我会感到消极的惊讶。如果翻译得很完美，我会感到满意，但还不是喜悦。）

理想情况下，你大多数时间都处在满意的程度，偶尔会出现一些"喜悦"情绪。取悦客户需要做额外工作，而且可能会很昂贵（尽管不一定如此）。问题是，值得投资去取悦客户吗？

简短回答：是的。

答案还很长。

喜悦感比单纯的满足感更能驱动忠诚感，多项研究表明，忠诚度与利润和股价正相关。

如果你只是感到满意，忠诚度曲线是平缓的。也就是说，一旦客户感到满意，他们只是维持在所能达到的忠诚水平，即使从中等满意到满意再到极度满意，也就是在这个水平上。

但一旦喜悦感被引入？女士们，先生们，请戴好你们的帽子！我们的忠诚度正在上升。

比如买车。对制造商来说，在市场规模如此之大且顾客采购频次不高的情况下，吸引回头客是一件大事。喜悦感能在多大程度上改变他们的忠诚度呢？一项针对梅赛德斯 – 奔驰的研究表明，集团从客户那里获得重复业务的可能性为：

- 不满意：10%。
- 满意：29%。
- 喜悦：86%（值得！）。

不要陷入满足感陷阱

满意的顾客并不是绝对忠诚。他们可能看起来很忠诚（比如说，如果你做了很多特别的促销活动，或者转换成本很高），但这与真正的忠诚不同，真正的忠诚根植于喜悦感。

愉快的经历击中大脑的情感中心（你好，感觉良好的化学物质！），使人们更有可能记住和分享这段经历（口口相传）。但请记住，愤怒也是如此，愤怒是快乐的反面镜像。这就是为什么消极的惊吓会被保存在客户的记忆库中，让人长久不忘。所以要谨慎使用惊喜的方式，并确保它与积极的体验相关联。

如果你还在问自己，"这个值得我付出努力吗?"，可以想一想:

- 忠诚度提高5%可以将利润从25%提高到85%。
- 1个快乐、忠诚的客户拥有相当于11个"普通"客户的终身价值。

想想看。那些参与了必应项目的"克林贡人"会忠于微软，并在聚会和社交媒体上无意中提及他们的微软产品吗? 一定会。

测量问题

客户不会告诉你哪些事物能取悦他们，因为这些事物一定是出乎意料的。而且，如果你试图通过客户满意度调查来衡量忠诚度，那么你该改变这个观点了。想想如下两个问题是如何影响你的大脑的:

- 你对上周在银行的经历满意吗?
- 上周去银行时，银行工作人员是否让你感到高兴?

人们很容易略过第一个问题，然后说"是的，当然"或"我想是的"，十分为满分的情况下，给出八分的评分。但"他们让你高兴了吗?"的问题对你大脑的影响却不同。这不符合你潜意识的标准规则，会让你的思考变得更困难。"嗯……很高兴，你说呢? 我也不知道是否该说我很高兴。"（这基本上意味着，不，你并没有感到高兴。）

如果人们对我们在这里所讨论的——即引发忠诚和推荐的方式——感到高兴，他们会立即明白过来，你可以从他们的脸上看到，也可以从他们的声音中听到。这是因为，满足更多的是一个认知过程——你有期望，它是否得到满足。喜悦及其"愤怒"的镜像则更具情感色彩。它们是你忍不住要与人们分享的经历体验——要么是咆哮，要么是欢欣。这在很大程度上是由意外引起的。

为了亨氏的爱

亨氏大概千方百计寻求让顾客感到惊喜的方法，我估计很多人会提到艾德限量款番茄酱（Edchup）。你想问，艾德限量款番茄酱到底是什么？

原来英国歌手艾德·希兰（Ed Sheeran）是亨氏番茄酱的超级粉丝，他甚至在手臂上文了一个该品牌的文身。亨氏表示，它在 Instagram 上 1/3 的活动都邀请了艾德，不管是帖子标签还是内容里都会带上艾德，所以艾德的粉丝都知道他非常喜欢亨氏。

艾德的一篇帖子获得了 110 万人点赞和超过 10000 条评论——还有一则电视广告，展示了艾德限量款番茄酱瓶，瓶身上装饰着叶子、眼镜花纹的西红柿，来纪念亨氏 150 周年。

这是客户建议的点子吗？还是被要求的？可能都不是。但这确实让粉丝们兴奋不已，他们会想买一瓶艾德限量款番茄酱。艾德对这个品牌的喜爱意味着他很高兴用这种方式来帮助品牌进行宣传；这似乎有点怪，但艾德真的很喜欢亨氏番茄酱！这次合作对他来说是一个梦想成真的故事，对亨氏来说也是有益的。

他所发的关于这次经历的帖子带上了#相信、#梦想成真、#实现、#不断前进的梦想等标签。

艾德限量款番茄酱的例子与必应克林贡语翻译器案例，二者有相同的元素：一小群惊喜的客户（艾德和他的粉丝），一份小小的喜悦，还有用它们来触发口碑传播的无数个选择。

好消息是，即使没有艾德的明星力量，你的品牌也可以实现这一点。

礼遇

有点令人失望的是，一项研究发现，"礼貌"是一家企业能让客户惊喜和高兴的第一件事（这是意料之中的）。好消息是，这非常容易做到，而且不需要花费太多。激励你的员工真诚、善良，超越客户的期望，就会收获不同结果。找到那些你可以超越期望的时刻，寻找让人快乐的方式，比如：

- 不要寄送节日礼物（这是预期之内的），而要在 3 月或 8 月寄送礼物（造成意外惊喜）。
- 将格式化的生日电子邮件/便笺卡替换为准生日（half-birthday）惊喜卡。
- 在社交媒体上曝光。开展真实的对话，留下评论，谨慎回复电子邮件。商家经常会评论说，他们非常感激我提到的这一点建议。

只有你能看到这个

> **梅琳娜，你好！**
>
> 我没想到你会对我的故事做出反馈（你让我放下心防了，哈哈）。
>
> 所以我给你写信，就是想告诉你我变成你的粉丝了！爱你的工作。
>
> 祝你开心。😄 ✌️

AUG 12, 10:16 AM

> 你好！很高兴收到你的来信，我一直努力回复大家的留言，感谢每个花时间来分享观点的人。感谢你！

分享内容可以使人们的一天变得轻松愉快。

不要让从众心理让你认为，你要像他人一样寄送礼品（和有所表示）。这正是为什么你应该另选时间寄送礼品——因为其他人不会这么做。这难道不就是一个惊喜吗？

应用惊喜原理

记住：满足感和喜悦感并不相同——意外的积极体验会产生喜悦感和忠诚感。

自我尝试：你的"艾德限量款番茄酱"或"克林贡语翻译器"是什么？要有远大的梦想，尽可能地多采用一些令人惊奇的想法，将惊喜融入其中，让你的客户尽可能开心。你不必面面俱到，但是写一本快乐日记，不仅会带给你自己快乐的体验，同时能帮助你想出有趣的方式去激发你的客户和同事。（然后，当然，选择一个惊喜措施来实施并达成目标！）

更多关于惊喜的内容

在以下章节中找到更多关于惊喜的内容：第 21 章、第 24 章、第 27 章。

惊喜来了！在"聪明的商业"播客上，有一集专门介绍惊喜和喜悦：

- （第 60 集）惊喜与喜悦。更多研究内容，更多事例，更多要避免的陷阱，以及更多关于使用惊喜和喜悦技巧的点子！
- （第 128 集）以终为始。采访马特·沃拉尔特，我们可以从中深入了解更多像必应翻译中的克林贡语翻译器一样有趣的项目。

第 18 章　峰终定律

你们全家外出去一家不错的餐厅就餐。经理在甜点时刻过来询问：“一切都还好吗？”

你本能地说“很好”或“很好，谢谢！”但如果你真的打算停下来，给出最周到的回答——比如说，你正在参加一个客户体验调查，并因此获得了报酬——你会为此付出多大的努力？它是否会包含比快速反应更多的真相？

真正回答这个问题需要考虑很多方面。要对味道、温度、口感、餐厅服务员互动、等待时间、氛围、价格等每项要素进行评分。每项还有多个时间点需要考虑——要按什么频率来给出一个详尽的答案？每分钟？每秒钟？每毫秒？

甚至还有功过如何相抵的问题。负面的氛围环境，需要用多好的口味来进行弥补？

仅仅是考虑所有这些工作，你的大脑可能就已经精疲力竭了，这就是为什么它使用峰终定律。

你不必试图取得所有可能的数据点的平均值，也不必做非常复杂的计算，你可以使用这个小小的思维技巧，就能得到“一切如何"类问题的"足够好"的答案。

基本上，除了峰值（好或坏）和终点，你的大脑已经忘记了一切。其余部分会逐渐消失在背景中。

即使一个品牌付费请你提供想法，你也会这样做。想想你上次在网站上买东西的经历，住过的酒店，上个假期，拨打的客服电话——所有这些都取决于峰值和终点上的体验。

再疼一会儿

丹尼尔·卡尼曼和同事以结肠镜检查为例对这一理论进行了著名测试，他们认为这种检查是以最糟糕的方式实施的：峰值和终点都处于最痛苦的时刻。

因此，他们提出了一个意想不到的建议：延长时间。

开始过程保持不变，只是让痛苦在完成之前逐渐减轻。

从技术上讲，患者疼痛的时间比所需要的时间长，但是对那些长期处于疼痛状态的患者说，他们更喜欢延长时间的做法，并且比那些接受较短时长检查的患者更愿意进行第二次检查！

留出一点时间让峰值逐渐减弱，而不是把峰值留到最后一刻，这会让整个体验感觉更好。为什么呢？由于过程时间忽略（duration neglect）效应，我们不会关注时间的长短，而仅仅关注峰值和终点这两个参考点。

卡尼曼的另一项实验是，让人们把手放在极冷的水中 60 秒。人们并不喜欢这种感觉。第二次同样，但在第一个 60 秒结束后，他们的手多坚持了 30 秒，而在这 30 秒间水温逐渐升高了 2 度——仅仅是变暖一点，但在水中的时间延长了 50%，我猜你知道发生了什么：人们更喜欢第二次实验！

他们忽略了总的持续时间，能够在冷水中待更长时间，因为感受稍微好了一点，这是因为第二次实验将峰值和终点分开了。

很疯狂吧，但很真实。不过，不要把它当作一个万能的答案（这绝对不是一个好主意）——并非在所有情况下都要延长持续时间。背景环境很重要。

通常，当峰值为负值时，不要让它与终点对齐。

相反情况下（峰值为正），在顶峰时结束是有价值的。想想看，一场以渐强音收场的音乐会，烟花表演的最后一场，或者是过山车中最激动人心的部分。当这些经历在达到顶峰时结束，人们会感觉特别棒。

不要犯这种常见的错误

正如詹妮弗·克莱恩斯（Jennifer Clinehens）在担任"聪明的商业"播客嘉宾时向我解释的那样，大多数企业在尝试应用峰终定律时所犯的最大错误是，不知道其体验的真正结束点。为了说明这一点，她分享了自己的书《选择黑客》（*Choice Hacking*）中迪士尼世界的案例研究。

顾客离开公园时，其他企业可能会认为体验结束了，迪士尼却知道，顾客体验的结束实际是在记忆中。他们是如何控制这种情况呢？几十年前，他们与柯达公司合作，找出拍照时最好看的颜色，并将所有走道涂成那种色调。这一简单的改变提升了体验的真正终点，帮助人们重新体验记忆中的魔力时刻。

每家企业都需要考虑多种体验路径。每个单独的购买行为、网站上的搜索、尝试播放视频、收发电子邮件、致电客服……每种体验都有自己的评估点分类——有峰值和终点——这些都能够随着时间的推移累积起来，为你的品牌创造整体体验（记忆）。

哦……那现在该怎么办？

即使已经有了最好的计划，消极的事情有时还会发生。根据严重程度的不同，它可能会让人觉得这是一条线的终点，但并不一定是体验的终点。在很多领域，你都有机会决定这种情况会持续多久。记住过程时间忽略效应——人们可以把手放在冷水里坚持更长时间，如果在那延长的 30 秒钟里，水温稍微提高了一点。

即使你没有机会创造一个积极的高峰，花点力气确保最后一刻不是最糟糕的时刻，也会对你品牌体验的整体感知产生积极的影响。

你的客户可能会生气并威胁要离开，但由于对现状的偏好，离开所需的努力往往会使他们延迟（特别是如果他们对你的品牌有着长期积极的历史体验）。

从对这一时刻的洞察出发，审视客户的整个历程，你就可以找到机会，让整个过程稍好一些——甚至加入一些惊喜和喜悦——来帮助每个人都获得更好的整体体验。

应用峰终定律原理

记住：把糟糕的经历延长，拖过最糟糕的时候，会让人感觉更好。好的体验尽可能在最高点时结束。

自我尝试：试图一次性处理所有体验可能会让你不知所措，会让你陷入困境（这是第四部分为什么存在的原因）。

我的建议是，花一个小时，用前半段时间（是的，整整 30 分钟）列出你可以处理的所有情形，几分钟后，你的大脑会想放弃，但要冲破那堵墙——那就是最关键的所在。然后，花 30 分钟确定优先级——比如把每个事项都列上 1、2 或 3 的优先级，然后从重要性级别 1 中选择最重要的流程开始。

现在你知道可能只有两点是真正重要的，你可以将注意力集中在特定经历中的两个点上（而不是看着整件事，被整件事所压倒而麻痹）。

- 现在，某人在你设计的流程中最重要的体验是什么？
- 高峰在哪里？真正的终点是什么？
- 你在哪方面可以做得更好？
- 为了提升体验，你可以做哪些改进？

更多关于峰终定律的内容

在以下章节中找到更多关于峰终定律的内容：第 24 ~ 25 章。

了解峰终定律可以减轻创建客户体验旅程的许多压力。当你无法专注于每一秒时，你可以将更多的精力投入到重要的事情中，帮助体验腾飞！收听"聪明的商业"播客的以下几集，了解更多该定律在商业中应用的信息：

- （第 97 集）峰终定律：为什么平均值总是不重要。提供了更多经验示例和我的技巧，来帮助你应用峰终定律，搞清员工真正想表达的。
- （第 141 集）詹妮弗·克莱恩斯：企业最常见的客户体验错误。了解更多有关迪士尼世界的示例，如何在客户体验中使用峰终定律，以及情感的重要性，等等。

第19章 习 惯

WHAT YOUR
CUSTOMER
WANTS
AND CAN'T TELL YOU

你现在已经知道，人们的大部分决定都是通过潜意识应用经验法则做出的，但这对购物这类事又意味着什么呢？对店里的大多数产品，你是在做有意识的决定，对吗？让我们看看：

- 你去杂货店买做汤的原料。走进食品货架通道，你是寻找红色罐头还是蓝色罐头？（在我没明说的情况下，你是否已经知道这两种颜色代表的是什么品牌了？）

- 还有汽水——如果你喝"可乐"，你是（再次）选择红色还是蓝色？或者，即使你不喝汽水，你知道蓝色和红色品牌的名称吗？

- 你该换新手机了。你是否考虑过另一个品牌？即使不经常购买，选择也都是基于习惯。

- 假设你经常在塔吉特返校购物季为孩子购物。我敢打赌，如果八月份看到红色的同心圆，你可能立刻会想到："哦，对了，我需要把买校服列入待办事项清单里。也许周四我该早一点下班，然后……"

看到这里所列的事项了吗？太微妙了。大脑中的一个联系会触发一种行为（或触发采取行动的欲望）。这就是习惯的全部流程，有四个步骤：提示/线索、渴望、反应和奖励。

不管是多巴胺、催产素、5 - 羟色胺还是内啡肽，我们的大脑都在不断地寻找感觉良好的化学物质。这就是为什么习惯循环的第四步——奖励——如此重要。习惯之所以会形成，是因为你的大脑一直在试图找到可预测的方式来获得回报。很简单，对吧？

这也是线索生效之处。线索是向大脑发出的一个信号，表明周围有奖励。这立刻会带来一种渴望。你想要这个东西，不是因为该物品本身，而是因为大脑会收到回报。而且，正如我们所知，渴望很难被忽视。它很快会成为你的自主意识大脑所能关注的全部（原因是，想想谁在主导这一切），并且，在你对这种渴望做出反应并采取行动之前（绝大多数情形下，给予大脑想要的东西，就能获得回报），它会不断地唠叨你。

如果你屈服于这种渴望且大脑得到了回报，你会受到双重打击，因为你强化了最初的线索，使它下次更加强大。（即使你发誓，这是自己最后一次屈服于这种渴望。）

如果你想改变一个习惯或开始一项新习惯，都应该设计线索和奖励阶段。那才是引起行为的原因。想要直接改变大脑的反应是没用的。试图改变的反应是，你的意识大脑所认为必需的，但实际是错误的。

习惯性购买

人们95%的购买行为都源于习惯。如果你不懂行为经济学

（就像你的一些竞争对手一样），你将被迫在 5% 的购买行为中按逻辑销售，相比利用大脑的自然倾向和在 95% 的购买行为中操作，前者显然要困难得多。

> 你怎么知道正在做的事情是否是一种习惯？
>
> 正如温迪·伍德（Wendy Wood）教授在播客里所解释的，想一想你是专注于手头任务，还是让自己的头脑发散性思考：
>
> - 早上边思考如何回复电子邮件边倒咖啡？
> - 视频会议期间，滚动浏览文字信息？
> - 开车时收听播客节目？
> - 在杂货店里边浏览货架商品边打电话？

如果你能在不主动思考的情况下完成这些任务，那么这就是一种习惯。

想象一下，你正在推销 Cheerios 麦片。

麦片是好东西——很多人都买 Cheerios 麦片。妈妈们认为它是一种健康方便的早餐，因此把它列在每周的食品杂货清单上。这种习惯是"没麦片了——该买 Cheerios 麦片了"，而不是"我们需要更多的早餐选择"，而且妈妈们也不寻找替代品。走在谷物货架通道里时，她们甚至看不到其他东西——一路上都是 Cheerios 麦片。这些就是习惯性地购买麦片的人——你真的不想去打扰他们。想一想触发对 Cheerios 麦片"渴望"的线索——比如在香蕉或牛奶旁边放上麦片盒子。还可以找找其他方法，让那些想要购买 Cheerios 麦片的人产生更多与麦片相关的联想。

但是，如果你那这山望着那山高的大脑注意到其他谷物类食品了呢？在一个可以自由选择可可泡芙、磨砂薄片、弗罗特圈和肉桂吐司脆饼的世界里，你该如何去竞争呢？在被这些糖衣炮弹压扁之前，你需要做点什么！"我们不会让人们的注意力从 Cheerios 麦片转向另一个完全不同的品牌，"你说，"我们会阻止这个大问题！"所以你推出了糖霜麦片、巧克力麦片、水果麦片、肉桂麦片、苹果肉桂麦片——任何一种口味都有相应的麦片。轰隆！

为了避免降低 Cheerios 麦片黄色盒子的效果，所有的口味都匹配了与竞品相同的颜色，让人清楚你的目的是什么。

你会给定期购买 Cheerios 麦片的忠实顾客提供所有新口味的优惠券，防止他们购买其他品牌的甜味麦片。看起来很合乎逻辑，对吧？

问题是：你打断了他们的习惯顺序。

那个只考虑 Cheerios 麦片而不考虑其他东西的人，现在正被推荐早上吃巧克力（糖霜/水果/肉桂）麦片。他们可能以前从未尝试过其他品牌，但现在他们的视野已经开阔——他们喜欢上了尝试过的东西，更甚于普通的 Cheerios 麦片（你知道，因为糖的缘故）——他们有更大的可能性去尝试你的品牌正在模仿的"原汁原味"。毕竟，如果 Cheerios 糖霜麦片是在尝试模仿糖霜雪花麦片（Frosted Flakes），那糖霜雪花麦片的味道也许更好，不是吗？

你把你的习惯买家变成了一个喜欢尝试其他口味早餐麦片的人，这样潜在地伤害了你自己。你的客户可能永远不会再回到你身边。

值得注意的是，我并不是说 Cheerios 麦片不应该开发这些口味。相反，这只是为了说明，你应该经常考虑你的说话对象，以及习惯性购买周期对你市场地位的影响。给习惯性买家发放优惠券可能并不好，但向那些已经购买了糖霜和巧克力麦片的人发放优惠券可能是一个好策略，这能打破他们的习惯性购买周期并给了你机会。

市场领导者品牌不想做太多的事情来改变现状。可口可乐的战略与百事可乐就有所不同。琼斯苏打公司（Jones Soda）则需要使用优惠券和疯狂的策略，在提示/渴望开始阶段将其品牌插入市场组合中。

也许你不熟悉琼斯苏打公司，他们的总部设在西雅图，有可乐和柠檬酸橙汽水等传统口味，但也会在感恩节推出独特的口味——如"火鸡和肉汁"（非常受欢迎，两小时内就销售一空）。他们的常规口味系列很有趣，比如西瓜味、Fufu 浆果味、蓝色泡泡糖味和极酸口味的黑樱桃（你感到自己的脸颊不自觉皱了起来吗？这就是启动在起作用！）。

琼斯苏打拥有一大批崇拜者，并成功与 Qwest Field 和阿拉斯加航空公司达成独家交易。虽然他们永远无法推翻可口可乐或百事可乐，但他们已经成功地开辟了一个自己的细分市场，建立了一个粉丝喜爱的坚实品牌。

制定自身策略时，你的当前客户和潜在客户的习惯是很重要的。当你不是市场领导者时，你需要投入一些精力来打破习惯性的购买周期。但是，正如 Cheerios 麦片的例子所示，市场领导者的不当策略可能会削弱他们自身的地位。

一致性是关键

世界充满了各种各样的主题和内容。如果你想让人们对你的行为感到兴奋（这样他们会跟随、参与并坚持），你就需要始终如一地成为他们习惯的一部分。另外，作为奖励，你可以加上一些惊喜和喜悦，帮助他们获得额外的多巴胺和期待，使习惯循环起来。

关于这一点，尼尔·埃亚尔在他的畅销书《上瘾》（*Hooked*）中给出了很好的建议，硅谷和其他地区的许多公司都将这一模式付诸实践。

尼尔·埃亚尔的上瘾模型

上瘾模型画布，来自尼尔·埃亚尔。

一旦你开始寻找习惯培养工具，你就能在各种各样的应用程序中看到它们的身影：

- 多邻国（Duolingo）在线语言学习程序为连续使用超过 300 天的人提供优先特权，且每连续使用十天就可以获得一个代币（他们的货币）。
- 游戏糖果传奇（Candy Crush）和宝可梦 GO（Pokémon

GO），你连续几天启动程序，它就会给你发放奖励。

- 社交媒体应用程序都默认开启推送通知（助推）以鼓
  励你去登录。

盲目复制他人之前，想一想你想让自己的客户建立起什么样的习惯。Pique 是行为科学家森德希尔·穆莱纳桑（Sendhil Mullainathan）、米歇尔·诺顿（Michael Norton）和贝克·威克斯（Bec Weeks）共同创建的一款应用程序，旨在帮助人们改变日常习惯。虽然他们本质上是在试图打破习惯（如迷失在社交媒体中，忽视你的另一半，天天"梦游"而不关注周围的世界），但他们也需要你养成一个习惯：Pique 习惯。他们的习惯是让你尝试一些新东西，每天回来登录软件查看通知，完成事项，比如，打电话给老朋友，学习让思维自由放松的好处。

习惯并非坏事。我们需要依靠它们来生存。了解大脑如何使用习惯，以及你如何应对习惯，对商业来说至关重要。最后要问的一个问题是，你是真的想打破一个习惯，还是说附加另一个习惯（被称为诱惑绑定）？沃顿商学院教授凯蒂·米尔克曼（Katy Milkman）主持了一个名为"在健身房劫持饥饿游戏人质"的研究项目，参与者只能在（你猜对了）健身房时使用 iPod 听有声读物。该项目使用了一个诱人习惯——一部很棒的有声读物——并将其与人们想要养成的、但可能会觉得不得不推迟的习惯结合起来，比如锻炼的习惯。

那些被 iPod "劫持"的参与者去健身房的可能性比一般人高出 51%。而真正令人惊奇的是，这一切结束后所发生的事情：近 2/3 的人选择为这个他们只能在健身房使用的设备付费！

你的品牌如何能创造性地利用习惯来吸引现有的和潜在的客户呢？

应用习惯原理

记住：95% 的购买是习惯性的，你的营销方法应该反映出，你是市场领导者还是挑战者。一致性和可预测性是养成习惯的关键。

自我尝试：对于你客户群的每一部分，以及那些目前没有向你购买的潜在客户，你都应该构建不同的习惯。我建议从你的"最佳"客户开始。当我说"最佳"客户时，意味着你想要更多这样的人。如果你只能拥有一种类型的客户，他们会怎么做？

当观察他们的行为时，你想针对哪些重要的习惯？他们在哪些方面的行为与其他客户不同？确定那些最佳客户是如何、在哪里以及何时养成习惯的（线索和奖励是什么）？一旦确定了这些习惯，你将如何与客户群体（可能成为"最佳"客户或全新客户的群体）一起利用这些习惯？

更多关于习惯的内容

在以下章节中找到更多有关习惯的内容：第 21 章，第 26 章。

关于习惯的精彩内容很多，这本身就是一个迷人的领域。我提到了温迪·伍德教授，讨论了她的研究和《习惯心理学》（*Good Habits，Bad Habits*）一书。我还高度推荐詹姆斯·克利尔（James Clear）的《掌控习惯》（*Atomic Habits*）和查尔斯·杜希格（Charles Duhigg）的《习惯的力量》（*The Power of Habit*）。

此外，要了解更多关于在生活和业务中理解和应用习惯的信息，请参考"聪明的商业"播客以下几集：

- （第 21 集）习惯：95% 的决定是习惯性的，你的生意在哪一边？深入了解习惯及其工作方式。

- （第 22 集）习惯的力量。因为习惯有如此多好处，所以分了两集来探讨；本集讨论的是应用习惯的方法。

- （第 78 集）如何不受干扰，尼尔·埃亚尔。我提到了尼尔的书《上瘾》，以及商业中使用习惯的模式。他还有一本书叫《专注力管理》，这本书是关于理解个人习惯和如何提高生产力的。

- （第 127 集）《习惯心理学》，温迪·伍德。温迪是公认的世界范围内名列前茅的研究习惯的专家，她讲述了自己的基础研究以及我们所能了解到的习惯。

第20章 互 惠

WHAT YOUR
CUSTOMER
WANTS
AND CAN'T TELL YOU

现在是 12 月某个星期五下午三点半。你正在整理电子邮件，结束项目，准备享受下周整周的假期。一阵轻轻的敲门声打断了你的注意力。你在电脑屏幕上方看到了南希——一位人力资源部的朋友——她手里正拿着一个包装整齐的盒子。"很抱歉打扰你，"她说，"我知道你下周要出去，我想确定你今天下午离开之前能收到我的礼物！"她咧嘴笑着，把那个打着蝴蝶结包装的盒子递到你手里。

你没有给南希准备礼物，内心感到有些内疚。

无法控制自己的冲动，你的一句话倾泻而出："你肯定不会相信——我把你的礼物忘在家里了！我知道它在哪，就在门口……假期后我就把它带来。"

五分钟前，你本可以不假思索地离开，你现在为什么不得不给南希一件礼物呢？为什么这个念头会萦绕你整个假期？

互惠。

收到一份礼物——即使是很小的礼物——也会迫使我们付出一些回报。不这样做就会感觉……哪里不对。

正如《生活大爆炸》中的谢尔顿·库珀（Sheldon Cooper）曾经说的："哦，佩妮。我知道你认为自己很慷慨，但送礼的基础是互惠互利。你给我的不是一个礼物，而是一个义务。"

当佩妮说他不需要给她任何回报时，谢尔顿回答说："我当然需要！我现在必须出去给你买一件同等价值的礼物，代表与你给我的礼物相同的友谊感知水平。"

简而言之，这就是大脑处理礼物的方式。然而，我会说谢尔顿做错了一件事（但不要告诉他）。

他说，他必须出去买一件礼物，与佩妮送给他的礼物价值相等，代表着人们对友谊的相同感知水平。事实上，我们的大脑往往高估我们所收到的礼物的价值，并以一种超过这种价值的方式进行补偿。

想想饭后大部分餐馆给你的小礼物。我的意思是，一个非常小的礼物：薄荷糖或幸运饼干。你认为这个"礼物"会影响你给出的小费吗？可能不会，但研究表明并非如此：给一颗薄荷糖可以增加3%的小费。

考虑到薄荷糖的成本，这对餐馆来说是一个巨大的投资回报，表明消费者的大脑有义务为"礼物"买单。那么，如果送两颗薄荷糖会怎么样？你可能认为增长会翻倍——6%，对吧？

不。几乎是五倍，增长了14%！

如果我们说，在美国，外出就餐的人均费用是20美元，平均小费是餐费的18%，那么平均小费是3.60美元。这两颗总共只花费几美分的薄荷糖将使平均小费增加到4.10美元——整整增加了50美分！

如果你付出一点努力来表明你是额外赠送了一颗薄荷糖，那会怎么样？会有什么不同吗？我相信你期待着接下来会发生什么。

当服务员把一颗薄荷糖和小票一起给顾客，然后走开……但突然停下来，转身再送一颗："你知道吗，对友善的顾客，我们会额外赠送一颗薄荷糖。"小费暴涨！增加了23％！（这将使我们的平均小费高达4.43美元——比对照组多出83美分——只需两颗薄荷糖和一秒钟的努力）。

显然，友善的礼物和努力可以带来不同的效果。（在你了解了与惊喜相关的知识后你就已经知道了，对吧？）

我相信你会说，"这种事不会发生在我身上"或者"我不会被它所骗"，但我相信，所有参与研究的人都说过同样的话：一点薄荷糖对他们的小费量没有影响。它不会击中有意识的大脑，因此看起来无关紧要，但研究结论并没有撒谎。我们的潜意识认为自己有义务回报他人，而且常常补偿过度。

互惠的三条途径

与大脑的所有规则一样，互惠会在许多方面得以体现。在这里，我将分享其中三个策略：免费礼物，小要求获得大回报，大要求实现小目标。

策略一：免费礼物

企业总在不断地发放免费赠品，理由很充分：它们会触发互惠行为！这些赠品可以是薄荷糖、免费试用、购物送赠品、免费送货、介绍新客户优惠、赠品换联系方式（又称"铅磁铁"）和订阅电子邮件。

无论礼物是什么，也无论礼物大小，免费送一点东西会让你在接受者眼中更讨人喜欢。这有助于他们了解你、喜欢你和信任你，同时也触发了互惠关系。那么，别人如何回报你给他们的礼物呢？理想情况下，他们会从你这里购买产品而不是从竞争对手处购买。但在不断建立信任和互惠积累的过程中，需要发生许多次小型的礼物交换。

一些简单的举动，比如告诉你他们的电子邮件地址、打开电子邮件、点击并分享你的内容和在社交媒体上关注你，等等，这些都是顾客送给你的礼物。持续不断的小礼物和慷慨行为会带来感激之情，并帮助企业培养敬业的粉丝。

"聪明的商业"播客是我生意中最大的互惠礼物。每集的制作都需要花费数小时，其中许多集还附带了一份免费工作清单，来帮助那些对此感兴趣的人巩固这一概念（现在有超过 50 份免费赠品可供感兴趣的听众使用）。每一份努力和每一份分享的内容都是互惠产品中的另一份礼物。

订阅我的电子邮件可获得免费赠品。这是一种基于互惠互利的自由交易。（我已经做了两集播客介绍"铅磁铁"的力量，你可以在本章末尾找到详细信息。）

其他免费礼物包括：

- 促销或折扣（人们会"回馈"，比如选择你的商品并可能购买更多商品）。
- 完全满意保证。

- 免费试用期。
- YouTube 上的系列视频。
- 创始人或专家的解答。
- 花时间参与社交媒体活动。
- 认真回复电子邮件。
- 待人友善，让他人的体验更轻松。

策略二：小要求获得大回报

我的高中合唱团一直在筹款去参加比赛。通常情况下，这是通过无声拍卖（Silent auction）完成的，所有的学生都被派去参观当地企业并筹款。

学生冷冰冰地说："嗨，我是梅琳娜……想为我们的拍卖会捐点什么吗？"这几乎是不可能成功的。"我得问问经理；如果我们有兴趣，我们会打电话给你。"这是一个常见的回答，让无数孩子等着永远不会响起的电话。

更好的策略是带着拍卖传单进入企业。"你介意把这个挂在窗户上支持我们学校吗？"

这是一个小得多的要求；是很容易让人答应的要求。诀窍在于，在那一刻，不要要求任何其他东西。耐心是一种美德。

这种方法被称为承诺升级。接受这个小要求意味着，这个人已经成为我们自己人的一部分。他们每天看到传单，会记起我们；他们的大脑会开始认为，他们就是"支持学校合唱团的那种人"。等一周后回来要求捐赠时，他们更有可能为拍卖会捐赠一些东西。

亏本领先——已迈出第一步

拍摄大头相时，很多摄影师都希望客户在拍摄前下一个大的拍摄订单。当然，他们有一些不错的照片，但是如果我不喜欢他们拍摄的照片呢？我也害怕把数千美元浪费在我可能永远不会使用的图像上，所以我会有点犹豫不决。这时我遇到了詹妮弗。

她的提议是：支付一小笔费用来预订当天的拍摄，其中包括一位发型师为我做头发和化妆。我们将在没有其他付款义务的情况下完成整个拍摄。等照片回来，我可以选择买哪一张。她知道，人们讨厌自己照片的可能性很低，这份工作最难的是让客户在摄影棚里感到舒适。当然，我非常喜欢我的照片，买了好几张，这些照片也一直为人所称赞。

让某人（对小事）说一次"是"，会增加他们再次说"是"的可能性。这一"通过关口"的战略非常重要。但与未来大任务完全无关的小事是不太可能产生收益的，所以在你浪费一个机会之前，先花点时间考虑这个过程。

策略三：大要求实现小目标

虽然这本质上与上一种策略相反，但并不意味着两者相互矛盾。它们是同一枚硬币的两面。这建立在两个早期概念上：锚定和相对论。

这种方法的策略是，你从一个巨大的，甚至是荒谬的或不合理的要求开始，使你真正想要的东西看起来更合理、更吸引人。思考一下下面的研究：

- 第一组：只要求主要内容。

- 第二组：首先提出一个重大的、极端的要求，在被拒绝后，再提出真正的要求。
- 第三组：解释两种选择，并询问他们更有可能选择哪一种。

下面是第二组的对话情况（我们的"大要求"示例）：

"目前，我们正在招募大学生自愿担任县少年拘留中心的义务辅导员。该职位可能需要你每周工作两小时，至少持续两年。你将在拘留所的一个女孩/男孩身边履行大姐姐/大哥哥的职责。你是否有兴趣考虑担任其中一个职位？"

当他们不可避免地说"不"（每个人都拒绝了第一个选项）时，你的反馈是："我们正在招募大学生陪同县少年拘留中心的一群女孩/男孩去动物园。这是自愿且无偿的，需要一个下午或晚上的大约两个小时。你有兴趣考虑这些职位吗？"

只要有人同意，实验者就会记下他们的姓名和电话号码，以便在需要时拨打。

结果如何？

在第一组（只提小要求的一组），17%的人同意参加动物园之旅（这在我看来是相当令人惊讶的，显示了简单要求的力量——但这是需要另外讨论的话题）。

第三组表现稍好一些，25%的人愿意参加动物园之旅。

第二组呢？在先抛出一个极端的大要求之后，一半的人报名考虑参加动物园项目！哇！请记住，其中的小要求其实依然是一个比较大的要求。想象一下，路上一个陌生人走近并说："嗨，你好，我正在为一群来自当地拘留中心的女孩组织一次动物园之旅，需要有人无偿陪同她们两个小时。你想监督一下这些吵闹的孩子吗？"

我觉得大多数人都会不予理会（这也显示了框架和启动的好处）。

在一个困难的请求中，通过要求更极端的东西来获得认可，可能会让人感到奇怪，但这一策略被证实是有效的。在使用这种策略时，让同一个人快速连续地两次请求很重要（若是反过来先小后大，让同一个人连续请求则不那么重要）。

这种策略在谈判时很有效。你可能没有意识到这一点，但你在商业谈判中不断地在使用：预算要求、员工要求或推销，将你的想法付诸实施，等等。

进入谈判时，首先提出一个极端情况，你可以退回来，让真实要求看起来更合理。但是你也要小心，你的出发点不能太过极端，那可能会损害你的名誉。这一切都需要技巧。

同时，谈及谈判中的互惠，我特别喜欢主持人科瓦米·克里斯蒂安在"凡事皆可谈判"播客中所使用的术语：富有同情心的好奇心。对他人充满好奇，对他们的观点充满同情心，是你可以送给他们的礼物，这会让他们更愿意回馈你（比如一个更友好的谈判过程）。

关于礼物的说明

进行任何互惠行为都需要记住的重要规则是，你在做这件事时，不要把"让他们从你这里购买东西"作为唯一动机。人们可能比你想象中更容易看穿别有所图的互惠，而自私的"假"互惠往往比你什么都没做更糟糕。

问问自己："如果他们不买，我还会为他们高兴吗？"

与尽可能多的人分享行为经济学的精彩世界，是"聪明的商业"播客最看重的事情。给人们带来新的见解或知识，从而提高销售额，或与客户和同事进行更好的对话，这太棒了！许多人通过社交媒体上的标签与我分享这些经验（这也是我最喜欢的事情之一）。我知道有很多人从中获得了价值，却从未主动让我知道，这没关系。我仍然为他们感到高兴，并在远方为他们庆祝。

真正的礼物不是带着对回报的期望而赠送的，即使你知道它们会引发互惠。

应用互惠原理

记住：赠送他人礼物，将迫使他人以某种方式回应——他们回馈的常常比他们收到礼物的价值更高。

自我尝试：我最喜欢的个人和品牌互惠方式是，在社交媒体上表现得非常慷慨。

我们都希望别人参与到我们的帖子（个人帖和专业帖）中，但你多久才会主动评论和分享别人的内容一回呢？我曾听人说过，每 100 人看到一篇帖子，就会有 10 人点赞，1 人评论。因为这个原因，人们更容易记住那些留下深思熟虑评论的人（你站出来了！），并感到有必要回馈。

列出你想联系的人、品牌或客户的列表，并在社交媒体上慷慨分享。给他们的帖子点赞并发表评论，分享他们的内容并贴好标签。在你的评论中@其他人，将他们变成新的潜在客户。

记住，互惠是一个长期游戏，所以要做好连续六个月内每周至少完成一次慷慨互惠行为（最好是每天一次）的计划。然后回顾一下它带来了多大的益处。

更多关于互惠的内容

在以下章节中找到更多关于互惠的内容：第22章，第24章，第26章，第27章。

请观看"聪明的商业"播客中的四集，一集关于互惠概念，两集关于强大的"铅磁铁"，以及一次对科瓦米·克里斯蒂安的采访，来了解如何使用互惠理论：

- （第3集）铅磁铁有用吗？你需要吗？简短回答：是的。关注"为什么"以及如何利用互惠关系创建或完善你的铅磁铁。

- （第23集）互惠：付出一点，得到很多。这一集包含了所有关于互惠的信息，更多研究细节和供你学习的其他示例。

- （第103集）如何重构和更新你的铅磁铁、免费赠品和订阅电子邮件。初步成功后，许多人需要重做他们的铅磁铁（和商业模式）。这一集提供了一个在困难时期（以及以后）能真正产生共鸣的铅磁铁框架。

- （第107集）如何就种族和不平等进行艰难的对话，科瓦米·克里斯蒂安。律师和谈判专家科瓦米·克里斯蒂安提供了完整的"富有同情心的好奇心"框架和更多见解。

WHAT YOUR
CUSTOMER
WANTS
AND CAN'T TELL YOU

第 3 部分

如何应用

第 21 章　行为烘焙

WHAT YOUR
CUSTOMER
WANTS
AND CAN'T TELL YOU

　　现在你已经了解了行为经济学中的一些关键概念，是时候将它们结合起来加以应用了。但是从哪里开始呢？

　　把这个过程想象成你在学习烘焙。相同的基本成分——糖、黄油、鸡蛋和面粉——可以以不同的方式混合制成各种各样的东西。首先，你需要知道每种食谱都是做什么的，在掌握了一些食谱之后，你就可以发挥创造力，做出一些属于自己的食谱。到高级阶段时，你已经掌握了基本食谱，进一步测试新成分、比例和香料，更加得心应手。

　　但是，不管你进步有多快，如果在开始之前不知道自己是想做饼干、蛋糕、面包还是馅饼，最后都会变成一团乱麻。

　　本书教给你一些基本的配料（概念）以及工作原理。这一部分的章节将解释如何将这些核心概念结合起来，产生各种成果。一旦你开始自己的测试和应用程序，你将发展出一种技能，并理解这将允许你创建自己独特的"行为改变食谱"，来与你的品牌保持一致。

最常见的错误

"我需要一本小册子。"

在市场部工作时，听到这样的话可能并不奇怪。我认为，区别在于我是如何回应这种请求的。我会跟进说："请多告诉我一点你的想法。你想什么时候使用这个册子？你想完成什么目标？"

多年来，我了解到，"宣传册"是人们用来作为营销支持的一个总括词。这是每个人都理解的词，虽然它的意思对于营销人员来说很具体，但询问者真正想要的是帮助。这个人在营销工作流程中发现了一个缺口。我的工作是去了解其中的问题，并提供解决方案。

这几乎从来不是一本"宣传册"的事，也没有人因未收到一本宣传册而哀叹。

我想指出的是，在这个过程中，我的反应框架与其他东西一样重要。如果每次有人来找我说，"我需要一本宣传册"，我就说，"不，你不需要宣传册，你不知道自己想要什么，拿着这个"估计顾客会把很多全新的营销材料直接扔回来。

保持好奇心，提出能让人诉诸潜意识的好问题，这样就可以了解情况，同时让他们感到参与到这个过程中是有价值的。多花时间去理解问题，结果就会大不相同。

- 该部门收到了一些能解决他们真正问题的东西。
- 部门内部现在有人是这件事的倡导者，这能增加成功的机会。
- 我的团队没有浪费时间做一些对员工没有帮助的事情。

即使有人明确要求你做些什么，或者你确信自己知道问题的根源，多想一想通常也会有帮助。

> 大多数企业在尝试应用行为经济学时犯的最大错误是在第一步。要找到错误问题的正确答案太容易了。应该花更多的时间去理解问题，这样你才能制定正确的干预措施来正确地推动行为。

回想第一部分，我们的大脑倾向于相信自己是对的。我们还相信，如果有人明确提出要求，他们会在提出要求之前进行尽职调查，以确保这确实是他们想要的东西。（未必如此。）

客户经常问我："构建报价的最佳方式是什么？"我会做出类似宣传册示例中的"告诉我更多"的回答，我说："那要看情况。你希望人们做什么？"

正如你在第 2 部分中所看到的，选择是相对的，并且严重依赖于当时的背景情况。没有最好的布局。没有一个唯一的、完美的行为经济学概念能适用于任何情况。这门科学中有大量的艺术——这正是我最喜欢的部分——也是我看到人们在试图将相关概念应用到他们的业务中时所犯的最常见错误的根源。

如果你在真空中考虑问题，或者假设自己所看到的问题是唯一真正的问题时，你往往最终找到的是一个错误问题的正确答案。

世界上最好的宣传册也无法解决更深层次的、不相关的问题。

与大脑合作将使你更容易理解和解决业务中的问题。我会和客户一起开动大脑，提高转化率、提高价格、推动产品选择，等等。但是，如果你不提前花时间去理解你想要达成的目标，你就一直是在碰运气。

有效应用行为经济学，能让你切中要害，而其他人则是盲目碰运气。

改变是困难的

你同意下面这种说法吗？大多数人都是这样。这一信条在我们心中根深蒂固——人们不喜欢改变，很难让他们做任何事情。

这是真的，但不一定是你想的那样。

想象一下，现在你的工作是，确保地球上每个人每次有东西要处理掉时，都能正确进行垃圾分类。你对这个前景感到兴奋（或害怕）吗？毕竟，几十年来，各种运动都在鼓励人们"减少垃圾、重复利用、回收使用"，告诫他们如果乱扔垃圾，将对地球造成伤害，但成效很不明显，人们很容易忽视，也不改变行为。

如果我告诉你，你需要在电影院里发起垃圾分类这个活动并进行测试，你会有什么感觉？

如果你从未去过电影院（或者忘了电影院是什么样子），那么我告诉你，在那里，即使是最环保的人也默认可以在电影结束后留下他们的爆米花桶、空杯子和其他黏糊糊的垃圾。

现在你对自己的任务有什么感觉？是不是感到难以执行？注定要失败？

这并不是一个假想事例：请允许我介绍一下 The Littery 公司。这家令人惊叹的公司将行为经济学与大脑结合起来，让人们自愿正确分类垃圾并扔进垃圾箱。怎么做到的？

答案就是：把垃圾变成彩票。

今天，你走在街上，看到一个口香糖包装纸或空瓶子，你会想："恶心，有些人太不讲究了！"然后继续走。如果人行道上的东西是彩票而不是口香糖包装纸呢？你会更愿意把它捡起来吗？

当然会！你的大脑被设定为想知道会发生什么（乐观主义偏差），并担心如果你弃之不理，可能会错过大奖（损失规避）。

这就是为什么 The Littery 公司发明了智能垃圾桶，它会告诉你是否正确分类了垃圾。做对了，可以获得一张彩票。如果做错了（比如把纸扔进不可回收垃圾箱），你就会收到一份通知，告诉你下次如何调整。

他们的概念验证在瑞典的四家电影院进行了 30 天。100% 的人都遵守了这一规定——电影结束后，人们甚至在走廊里跑来跑去，试图找到更多的垃圾并扔掉（他们对没有找到任何垃圾感到失望），而妇女们则在钱包里翻找更多的纸巾或没用的小玩意儿去扔掉。

最高奖是 5000 欧元，其他人则可以获得免费电影票。你能想象，在全国范围内发行数以百万计彩票的机会吗？

现在，走过街上的口香糖包装纸或空瓶子时，你可能会捡起它，兴奋地想把它扔掉。

学到了吗？改变并不一定很难。

改变几代人发展起来的潜意识大脑的自然规律是很困难的。了解它们，养成习惯，可以让看似不可逾越的改变——比如让人们捡起垃圾并正确分类——变得容易。

我喜欢 The Littery 公司的例子，因为它真正提供了指引。一家企业在着手解决问题之前，如果能花时间正确理解问题，那么任务是可以完成的。你和你的企业也可以做到这一点，本书将帮助你实现这个过程。虽然第一步看似微不足道，但对你的成功至关重要。所以，当你思考问题时，为自己的大脑留出大量高质量的时间以做好准备！

> 本书的这一部分旨在一次解决一个问题，章末的提示会提醒你这一点，这也是可以反复使用的参考资料。我为本书创建了一个免费的 PDF 工作簿（附带了更多好东西和提示技巧），当你开始将行为经济学应用于商业的问题、困难和项目时，你可以下载使用。
>
> 网址：thebrainybusiness. com/ApplyIt

开始应用行为经济学

课程内容：花大量时间考虑和重构问题，以确定涉及的大脑概念，你可以利用这些概念，使改变变得更容易。

自我尝试：在阅读第 3 部分时，选择一种你将推广的服务或产品。将其写在此处：_____

当然，你可以边操作边改变，并且（我希望）一次又一次地使用这些步骤！但是，写下一些东西，告诉你的大脑它是重要的，这将帮助你在阅读时把它放在脑海的首位。

概念：框架（第 5 章）、从众心理（第 11 章）、习惯（第 19 章）、互惠（第 20 章）。

有关此过程的更多信息，请查看"聪明的商业"播客的这一集：

- （第 126 集）应用行为经济学最重要的一步：理解问题。

第 22 章 关于定价的真相

在我为客户提供帮助的所有事项中，定价策略是最重要的事项之一。多年来，我发现这是每个人都在努力解决的问题，从自营商到跨国公司，从新手到老牌企业。每个人都被价格问题所困扰。

最糟糕的是，不确定性导致信心不足。正如他们所说，狗能嗅到恐惧，你的客户和潜在客户能感受到信心不足，这将影响整个购买体验。

谢天谢地，行为经济学可以帮助你获得定价信心并增加销售额。让我们用一个故事来展示定价的真相。

情景一：想象你和好朋友在街上散步。你们已经有一段时间没见面了，相谈正欢，了解对方过去几个月发生的一切。突然，一股香味飘进你的鼻子……糖、黄油、巧克力和一丝盐的味道……这是有人在进行美味的饼干烘焙！

你的鼻子现在正在寻找令人愉快的气味来源（记住，与预期相关的多巴胺释放），并且，你们在交谈时似听非听，两人都分心了。你现在完全就像一个卡通角色，鼻孔正引导着你走在街上。

终于，你们找到了面包店，看到排队的人，你会想"这些饼干一定很神奇!",忍不住走进来。有人递给你一块饼干,告诉你今天大减价——买三送一。不知不觉间,等你和朋友离开面包店时,每人手里都拿着一个袋子,吃着一块饼干。

情景二:你和同一个朋友走在街上,同样在谈话,突然,有人把一张传单推到你脸上,说:"大促销!只此一天!买四付三!我这里有试吃的样品!"同时把托盘推到你脸上。

啊。

这家伙太粗鲁了吧?你和朋友很恼火,拒绝试吃,一场最坏销售体验的升级赛开始了。到了面包店前,闻到饼干的味道,你还是很恼火,抓起手机就写了一篇关于他们的策略有多糟糕的评论,并发誓永远不买这里的东西(并同情那些标准低于你的傻瓜)。

同样的面包店。同样的饼干。完全不同的经历。

你是否注意到事情是同样的(只是结果正好相反)?这里有几个概念,构成了我的"与饼干无关"框架:

- 启动(饼干的气味)。
- 从众心理/社会证明(路线、评论)。
- 损失规避/感知所有权(来自品尝、气味和稀缺性)。
- 互惠(免费样品)。
- 框架("买三送一"vs."买四付三")。
- 稀缺性(仅限今天!)。

启动(饼干的香味)

饼干的气味让你潜意识里的"购买"大脑兴奋起来,让你对甜食感兴趣。找到面包店的招牌时,你实际上是在乞求他们卖给你一块饼干——然后他们给了你一个试吃的样品……还有折扣！他们真好！这么多优惠，而且仅限今天……你的自主意识大脑很快将逻辑变成服从你潜意识的意志。

这让我们了解了定价的真相：与价格本身无关。

遇见价格之前发生的一切（背景！）都比价格本身重要得多。在第一个例子中，在知道饼干价格之前，你已经做好了购买饼干的准备。同样地，你已经打算好不要第二个例子中的饼干，不管它有多便宜。在第一个例子中，可能每份饼干 3 美元，而在第二个例子中，可能只需 50 美分，但这并不重要。

> **定价的真相**
>
> 与价格本身无关。价格之前发生的一切（背景）都比价格本身重要得多。

你的客户从你那里获得的体验更接近上述哪一种呢？你是在街中间把他们拉过来，然后把传单往他们脸上一甩吗？还是用美味的巧克力曲奇的诱人香味吸引他们？

你可能会想，"但是梅琳娜！我出售的是服务，我没有吸引人的奢侈甜点能拉人过来！"或者"我的客户在互联网上找到的我！气味是个无足轻重的小问题，你说的都不适用。"

这是你热爱现状的大脑在试图让你陷入困境。记住，启动不仅仅只包含气味。强大的图像、精彩的言论、视频、表情符号——它们都能激发潜在客户采取行动。

Netflix 在大规模测试后发现，正确的图片能让人们选择点击观看的可能性增加 30%。

启动是有力量的。谈到定价时，错误的启动可能会让人们低估你所卖的东西，并合上钱包。

当着他们的面乞求和硬塞是行不通的——记住饼干传单的事例。在那种情况下，顾客很恼火，避开了面包店。这也是为什么你不能直接跳到价格环节的原因。如果你从价格开始，计划用一大堆理由来解释为什么这是一项好的投资（或者为什么人们会喜欢它，或者它有多值钱），那么，人们就会像对待在街上分发试吃样品的可怜人一样对待你——不再关注并继续往前走。

你需要向你的理想客户提供一些几乎不可抗拒的东西。他们在关心什么？什么会吸引他们的潜意识，让他们对你产生足够的兴趣，让他们主动寻找你，并在找到你时与你接触？

从众心理与社会证明

一旦你用启动行为激发了他们的兴趣，那么表现出其他人已经选择了你，就是很重要的。在饼干的例子中，它相当于面包店的推广语。对于另一种体验来说，它可能是社交媒体上的粉丝数量、明星评级或推荐信。这一步很重要，可以帮助潜在客户感觉到，选择你是明智的，所以要经常使用。要寻找多种机会，在整个购买体验中融入社会证明，以保持它们的参与度和有效性。

互惠与损失规避

大脑很快就掌握了主动权。帮助人们看到他们自己在获得你的产品或服务后的样子，对于引发损失规避非常重要。在面包店的例子中，免费试吃样品（一份礼物）实现了这两个功能。寻找这样的机会，比如有人在考虑购买，给他们一点尝试（免费下载、视频、精彩故事），这将极大地改变购买体验。

稀缺

现在，他们正在体验一种建立在损失规避之上的归属感，加入"仅限今天"特价可以将他们推到购买的边缘。你也可以在时钟滴答作响的时候加入一些时间压力，或者给出"其他 20 个人正在看这个"或者"库存 5 件"的信息。这也将强化他们的购买决定。

框架

你的提议方式会影响人们的倾听方式以及他们采取行动的方式。好的饼干销售场景有一个简明的短语（"买三送一"），而坏的场景则是笨拙的"买四付三"口号。我们的大脑认为，押韵的更好，那些用简短语言交流的人更博学。要斟酌措辞，准备好最优框架，随时应对有人被启动并打算购买的情形。

更多关于定价的信息

正如本章开头提到的，我在定价方面做了很多工作。播客中有几集提到了提价的内容，讨论如何考虑和提供折扣，如何选择合适的数字作为价格的尾数，我的网站上还有一个十个模块的智能定价课程，以及我在得克萨斯农工大学教授的一个网络继续教育课程。为了简洁起见，本书提供了以下我在定价方面遇到的一些最常见问题的答案。

我的价格以 5、7、9 或 0 结尾有用吗?

正如你现在所知，围绕价格所发生的一切比价格本身更重要。然而，因为一直有人在问这个问题，所以我想在继续讨论之前先解决这个问题。一般来说，价格中的最后一位数字不会造成很大的差别。你要决定的主要事情是，你推出的是否属于奢侈品或礼品（一瓶酒、一块漂亮的手表）。在奢侈品或礼品的情况下，人们更愿意支付一个整数——比如 90 美元。举个例子，当相机被定位为度假用品（奢侈品）时，人们想要为它支付的价格比它被定位为工作或学校需要的东西时更高。尽管是相同的相机，但背景对价值的确定很重要。

如果不是奢侈品或礼品，价格应该低于整数。至于，价格是 89 美元、87 美元还是 85 美元其实并不重要。这取决于你的喜好。

不要道歉

启动是一个双向行为。信心是首要因素，缺乏信心会对购买行为产生负面影响。我看到人们犯的最大错误之一就是为他们的价格道歉，或者试图为他们的价格辩护。这永远不会奏效。

最常见的情况是提高价格。人们倾向于说："好吧，你知道，我们已经五年没有涨价了，我知道这可能会给你带来不便，但我们已经背负了很长时间的负担，我们不能再这样了，因为……"

快停下来。道歉和辩解是为了你自己——而不是为客户。

作为一家企业，价格是你的选择，人们比你所预期的更愿意接受价格变化。记住：你不可能适合所有人。有些人买不起你卖的东西，没关系。对你所销售的产品要充满信心。当你清楚地展示客户将获得的价值时，没有什么可道歉的。

关于折扣的说明

如果有策略地使用折扣（比如触发稀缺），折扣可以成为一种有效的销售工具。然而，我看到太多的人和企业在对自己的定价不满意时，会将折扣作为支撑。如果折扣更多地是为了让你觉得说这个数字时很舒服，而不是服务于某一个特殊机会，那么它就不能很好地达到你想要实现的目标。

我最大的建议是，练习说出价格的完整数字，直到你能像告诉别人天气或一天中的时间一样，很自然地说出为止。你的工作不是确定他们是否能买得起这件物品，也不是确定这是否是他们满意的交易。而应该假设每个人都能负担得起，微笑着说出数字。

回到我在航空公司呼叫中心的工作，我们接受过这样的培训，不管什么情况，我们都会这样说价格："从西雅图到波特兰的航班票价是 2875.42 美元。你想现在就购买吗？"

（保持微笑等待——即使他们看不见我。）

之前或之后的航班，价格也许会是 250 美元，但我的工作并不是确定对他们最重要的事情是什么。也许这是一次商务旅行，而他们的同事在同一架飞机上，或者他们要与一个重要的客户建立联系。你会惊讶于有多少人说："是的，我现在就买，谢谢，这是我的卡号。"

那些说"哎呀！那太贵了。我还有什么其他选择？"的人已经明确表示，定价是首要考虑的问题，我们可以从这里开始（并且，正如你将在后面看到的，这也有助于将锚定和相对论结合起来，使新的价格更加实惠）。

如果你还在用折扣作为支撑，那么是时候戒掉这个习惯了。下一次报价时，把价格数字和你对行动的呼唤一起说出来，然后等待。在他们回应之前，不要再说话。保持微笑，即使你内心的期待正在消失。你会惊讶于有多少人说："好吧，让我们做吧！"研究表明，人们付出的东西越多，获得的价值越多，所以这也是一种胜利。

试试这个心理把戏

如果你正挣扎着想要提高价格，我有一个简单的、改变游戏规则的建议。

想象一下你在出售水瓶。你现在卖 8 美元，你需要把价格提高到 12 美元。这是一个大幅度增长，可能会让人感到不适（即，在他人要买之前，你觉得有必要道歉并提供折扣）。

退一步，问这个问题："如果明天我们以现在十倍的价格出售这个水瓶会怎么样？"这样就创造了一个 80 美元新高度的精神锚定点。你如何证明其增加的价值？一个特殊的设计或名人用过（社会证明）？一旦你能以 80 美元卖出它，以 12 美元卖出就轻而易举了。

应用定价原理

课程内容：定价与价格无关——其他一切都比价格本身重要得多。

自我尝试：收集你在上一章中确定的品牌、产品或服务的定价详细信息。在之前，人们的体验是什么样的？从"选择悖论"开始，思考"一系列小步骤"（我们马上会回顾这一点），并认真思考每一环节。请在此处对定价体验做一些说明：

你（能）如何启动他们，让他们做好购买准备（你们的"饼干香味"是什么)？

_____

_____

你（能）如何使用"社会证明"来鼓励从众心理？

_____

_____

你（能）在哪里触发"损失规避"？

_____

_____

你（能）做些什么来触发"互惠行动"？

_____

_____

你如何构架销售语言？需要改变吗？

_____

_____

你在应用稀缺原理吗？在哪里应用？何时应用？

_____

_____

概念：框架（第 5 章）、启动（第 6 章）、锚定（第 7 章）、相对论（第 8 章）、损失规避（第 9 章）、稀缺（第 10 章）、从众心理（第 11 章）、社会证明（第 12 章）、时间压力（第 14 章）、惊喜（第 17 章）、互惠（第 20 章）、现状偏好、预期。

要了解更多关于定价的信息，请查看"聪明的商业"播客以下几集：

- （第 5 集）关于定价的真相。
- （第 7 集）什么是价值？
- （第 66 集）终极定价信心。
- （第 77 集）如何提高价格。

第 23 章　如何销售更多正确的产品

正如伟大的律师可以为案件的任何一方辩护一样，理解并正确应用行为经济学可以帮助你销售更多的东西。如你在第 13 章中所知，选择是相对的。背景和框架——事物所呈现的方式——将改变人们所认为的最好选择。

因此，当客户向我提出这类问题，如"我们确信 X 会大卖特卖，但没有人想要它！"或"即使我们提供 Y，但每个人都想要 Z！"或"我们的客户不想以这种方式预约/与我们合作"时，我都会深入挖掘。

通常情况下，我发现企业正在做的一些事情在无意中引导客户远离他们真正想要出售的产品。通过一些小的行为干预，以前卖不出去的商品现在成了热门商品。

以我的小企业客户玛丽尔（Mariel）为例。她和她的珠宝店在"聪明的商业"播客第 10 集中亮相。

她来找我时，遇到的问题是，尽管她能提供特别漂亮的、更昂贵的、顾客可能会更喜欢的产品，但顾客总还是选择最便宜的东西（产品质量依然高于大众珠宝店）。

在战略会议上，我发现，每每人们打电话询价，玛丽尔会说："金器价格 70 美元起，价格逐渐升高。"然后她等待他们说"好的，谢谢"，接着挂断电话，期待顾客的到来。（还记得高中合唱团拍卖筹款的例子吗？与那次经历类似，该策略没有发挥出应有作用，所以我们从这一点入手。）

就背景环境而言，这家商店的货品价格最高达 800 美元。她决定采用"低价"选项是人们常犯的错误。给人的感觉是，你希望让人们放松心态，但结果几乎是适得其反。

说耳环"70 美元起"，意味着这个价格成了锚点。虽然它应该超出 70 美元，但我们的大脑参照这个价格制定了预算。现在，有人进到店里，他们会认为自己不想花更多的钱。也许他们只带了 80 或 100 美元。他们所处的状态是，他们想以不到 70 美元的价格买下——而整个交易注定要失败。

客户也许有比这更多的预算，也许他们更乐意购买更贵的产品，但如果你无意中设置了这个低价定位，就很难让他们买单。

因此，我建议她将回答改为："店里最贵的耳环大约 800 美元，但我们的耳环种类繁多，几乎可以满足任何预算。一般人的花费在 250 美元左右，还有很多低于 100 美元的价格选择。我们什么时候能见到你呢？"

现在出现了什么情况？那个进来准备花更多钱的人，看到 70 美元的东西会感到很兴奋——真便宜！也许他们会以这个价格找到他们喜欢的东西，或 99 美元，或 150 美元。他们不受大脑愚蠢的经验法则的限制，且利润率更高的商品得到了流通，商店也获益了。双赢。

这个例子使用了价值 800 美元的耳环作为高锚点，相比之下，这使得其他东西看起来更便宜（相对论）。

抛出诱饵

我给玛丽尔的另一个建议（我为不同规模、不同行业的客户提供不同的建议）是，设置一个诱饵包作为高锚点。

"诱饵"并不意味着它就是坏的——相反，它是超出大多数人期望的东西。它是如果人们购买了，就会很兴奋的东西，但大多数物品不会产生这样的效应。你能从上面的示例中看到这一点（从 800 美元开始，逐步降低），它有无数种使用方法。

这就是为什么餐馆会推出非常昂贵的特色菜或葡萄酒，或者商店会把 5000 美元的电视机放在商店的显眼处——如果你买了电视机，店主也会很高兴，但这不是该电视机在现实中的本来目的。这是一个很高的锚，放置在那里，让你的大脑准备考虑他们展示的其他商品。

按照以下步骤来为你的业务构建此功能：

1. 找出你真正想销售的东西——这是你最有潜力的产品。

2. 想出一个有类似优点的奢侈版本。

3. 考虑一个完全不同的提议，让顾客觉得自己做了一些尽职调查。

在玛丽尔的案例中，"最有潜力的产品"是一个总价值 150～250 美元包含打耳洞的套餐。你已经看到了 800 美元是高锚点，但让我们考虑另一个更具普遍吸引力的选择。

玛丽尔客户中的一个常见现象是，妈妈会带女儿来打第一次耳洞。（这是她可能选择在第 21 章结尾写下的关于产品和服务的例子，并将在本书的第 3 部分进行研究。）

这是一个大多数人都记得的成年仪式：期待——混合着兴奋和恐惧的感觉，可能是开车去购物中心，坐在椅子上，希望认识的人不会路过看到你哭泣，但同时又想炫耀。也许妈妈会带你去吃冰激凌，你觉得自己长大了。

我的建议是：为什么不把打耳洞的经历变成真正的经历呢？

如果有一个"公主大礼包"，妈妈可以带着女儿进商店，那里立着定制的牌子，写着"恭喜你，苏菲!"，有简单的食品和起泡苹果酒，还有一个特殊的毛绒玩具，她可以在这个过程中一直抱着（活动结束后可以带走）。另外，还有一张街对面冷饮店的免费冰激凌优惠券，加上公主系列的任何一对耳环（价格较高）。她最喜欢的颜色、款式的耳环已经放在天鹅绒枕头上，为这场体验开启序幕。

对于一个想和女儿一起度过美好时光的母亲来说，你认为她会被公主大礼包这令人惊喜的体验所吸引吗？我会的!（记住峰终定律，这有助于将体验扩展到疼痛的耳洞穿刺之外，从而创造更好的记忆和"真正的终点"。）

记住，这是诱饵。

正如我所说的，这是一件非常棒的事情，可能会吸引人们——玛丽尔非常兴奋地推出该大礼包，但并非每个人都想要体验。假设公主大礼包是 399 美元。对于没有预算的人来说，现在 150 美元的"常规"耳洞穿刺体验（包括升级耳环）听起来很不错——你知道这是由一家真正关心母亲和女儿建立美好记忆的商店提供的。

> 克服谈论太多事情的冲动，展示所有可用的选项。记住选择悖论以及大脑如何容易迅速地陷入不知所措中。你的工作是，让他们更容易做出他们能做的最好选择。首先，花点时间仔细思考体验的过程，缩小选择范围，使之简单明了。

高起点

当你提出建议时，顾客的意识大脑会很自然地思考这些选项，但这会破坏高锚点的目的。如果你说："我们的标准礼包附带耳环，价格为 70 美元。你也可以升级到更大的耳环，价格约为 150 美元，或者可以选择我们的公主礼包，价格为 399 美元。"效果将不如下面这样："提前祝贺苏菲打了耳洞！我们知道，这对你们两人来说都是一次重要的经历，所以我们准备了公主礼包。当苏菲到达时，将有一个她最喜欢颜色的定制横幅欢迎她来到商店，另外还有一个特别的毛绒玩具，她可以抱着并带回家，还有起泡苹果酒，我们已经准备好了红宝石（她的生辰石）耳环。听起来怎么样？"

作为提出选项的人——专家，你的工作是提供建议，助推他人找到自己的最佳选择。不一定要推荐最便宜的东西；不要因为那样做最简单而低估自己。

你可能在想："这很好，但是这些小小的改变到底能带来多大的不同？"在采纳了战略会议上的建议后，珠宝店的平均交易量翻了一番还多。了解了大脑规则，小小的改变真的能带来很大的不同。

如果人们总是选择最低端的选项

信息展示方式会推动人们提出打折要求，或真正关注服务时长（让人觉得不可能进展到销售订单环节）。假设你是一名平面设计师。如果你说："我的收费标准是每小时 25 美元起，这个项目至少需要 500 美元。"相对于你一开始提出的 25 美元，500 美元听起来很高，人们可能会询问折扣以及如何减少投入。

如果你说："这是一个最低消费 500 美元的项目。基于你分享的工作信息，我希望能控制在这个范围内。超过这个范围的部分都将按每小时 25 美元的费率收费。"

现在，相对于 500 美元来说，25 美元是个小数目，让人觉得这是一个更安全的投资，因为即使每小时增加 25 美元也没什么大不了的。

相同的数字，通过框架、相对性和锚定来传达的方式不同，会产生很大的差异。

让我们想想每月 1000 美元的预付金（用于确保律师、顾问等人员能随时提供服务）。

如果这是你能告知的唯一一件事，你说："我有每月 1000 美元的预付金，你愿意吗?"因为没有相关性来显示价值，所以无法鼓励大脑进一步行动。相反，它会制造不确定性，让人们觉得需要做一些尽职调查（即搜索你的竞争对手的报价，并可能造成客户流失）。

你不想这样。相反，你想创建一点诱饵。以下是我为客户推荐的一些选项：

- 在体验日活动中签订合同，将在总金额上额外增加 6000 美元，这样 12 个月的合同每月 1500 美元。
- 如果你的标准回复时间为 72 小时，他们作为"高级"客户可获得 24 小时或 48 小时回复的权限。
- 每月 2500 美元预付金，可以获得更多附加服务。

选哪种都可以——只要能吸引客户，如果有人真的咬饵，你会很兴奋（如果你讨厌出门，就不要选择体验活动）。

假设你选择了 2500 美元的预付金。现在你可以说："我有多个套餐可供选择，第一个套餐包括完整的品牌评估和更新，包括从 Facebook 广告到广告牌的所有服务，这是每月 2500 美元的套餐。或者，如果你不需要广告牌、公交车广告或品牌更名，还有1000 美元预付金的套餐。哪一个听起来是你的最佳选择？"

请注意，对不同的群体，二者都有效且有用。如果有人需要做广告牌或品牌更新，他们可能会选择更大的套餐，但 1000 美元的套餐对大多数人来说已经足够了，他们会感谢你创建了这个套餐。这也确立了你作为专家的地位，因为你知道什么是"大多数人"的需要，而不是漫天要价。你把他们的需要放在第一位，创建适合他们需要的套餐。这很好。

请注意，在建议定价之前，不要先询问所有的筛选选项，来排除人们是否需要做广告牌和更新品牌。这样做将会消除之前提到的高锚点的好处。

捆绑销售不需要折扣

上一章已经谈到了不使用折扣作为支撑，我想在这里重申一下。许多人认为，捆绑销售商品会打折；事实上并非如此。亚马逊上出售的许多捆绑销售商品比单独购买每件商品更昂贵，但人们乐于为便利支付更多的费用。

你也可以使用捆绑销售包来创建你的高锚点，且不需要打折。（我保证，这是有效的。）

假设你有三门课程可以合并（有人可以全部选修这三门）。

你可能会说："我们提供三门课程。第一门是 500 美元，关于一个主题；另外有一门 600 美元的课程，是关于其他主题的，还有一门 800 美元的课程，关于另一个主题。你想从哪门课程开始？"

在这种情况下，500 美元的课程成了锚点。

相反，你可以说："我们提供三门课程，首先是 800 美元的一门主题课程。我们还有 600 美元和 500 美元的其他主题课程。你想从哪门课程开始？"

在这种情况下，大多数人会选择 600 美元的课程（中间选项）。

如果你们说："我们有 1900 美元的终极套餐，你们可以得到所有三门课程。或者你们可以从 800 美元的那门主题课程开始。哪个方案听起来最适合你们？"

在这种情况下，800 美元的课程显然是最好的选择。有些人可能会全部购买，但很多人会从 800 美元开始，这是最昂贵的一门课程，在以前两种方式呈现时，大多数人都不会选择。捆绑销售没有折扣，请大家注意其价格——先呈现它——造成的巨大差异。

> 你的自主意识大脑可能会告诉你，没有必要提出一个组合价格，人们会算数，这样做有点自以为是。并非如此。记住支付的痛苦，说"仅需五美元小额费用"会使人们感觉比"五美元费用"更好——这可能听起来很傻，但它是有效的。为懒惰的大脑提供容易接受的信息，你就能看到更多成功。

无关的锚点

如果你不想做礼包或套装产品，仍然可以从这个策略中获益。

说"我帮助了世界各地的许多人改变了他们的生活和生意，

我的套餐起价是 500 美元"与说"我帮助了世界各地成千上万的人改变了他们的生活和生意，我的套餐起价是 500 美元"，二者的效果不同。

加入"成千上万人"会让 500 这个数字看起来更小。更进一步，"和我一起工作后，来自世界各地的 8000 多人已经改变了他们的生活和业务，我的套餐起价只有 500 美元"。

大的、更具体的数字是一个更好的基准锚点，即使它们并不相关（而且它带来了社会证明——也带来了双重利益）。

无价：一个华而不实的词

伟大的万事达卡商业广告，让很多品牌看到了称某样东西为"无价之宝"的价值，这是一个说明背景为什么很重要的好例子。这些商业广告创造了一个故事，并用启动、损失规避、社会证明和框架吸引你，表现这样一个事实：不管付出什么代价，整个体验都是值得的。

但是，当你展示大礼包并希望利用锚定/对比优势时，"无价"一词不会产生足够的影响。

就像士力架的例子中，建议顾客"买点它们"而非提出一个具体数字一样，"无价之宝"并没有在大脑中锚定一个使出价看起来更好的价值。

不要说什么东西是无价之宝，而应提出一份证明，上面写着："与梅琳娜一起工作，我去年多赚了 100 万美元——我知道她能为你做些什么！"

这比说"与梅琳娜合作是无价的"要有用得多。它使用了一个锚点和社会证据，在列出价格前启动了大脑。

你可以将自己的产品打造成你想要的任何东西。当你理解了价值并与人沟通时，你就会发现，有人购买你正在出售的东西。无论是产品还是服务，无论你在一家大公司，还是一名个体商户，无论你是销售漂白剂还是名牌手袋……同样的大脑概念都在发挥作用。你只需要以正确的顺序拉动正确的杠杆，引导客户走上最佳道路（而不是不经意间用一个闪亮的物体分散他们的注意力）。

使用高锚点原理

课程内容：使用最佳报价，并内置高锚点诱饵，以突出它是明确的首选方案。

自我尝试：如果你的产品/服务不止一种，那么是时候将其缩小至一个最佳方案了。生意可以有多种，但不能出现在同一演示或体验旅程中。请在此处对定价体验做一些说明：

你的最佳报价是什么（你希望大多数人选择的东西）？

_____

_____

（客户购买的）费用是多少？

_____

_____

它的特殊之处在哪里（人们为什么需要它）？

_____

_____

一个更大的、更极端的版本看起来是什么样？

_____

_____

如何让最佳报价看起来很好？

_____

_____

成本是多少？

_____

_____

你如何将这些介绍给潜在客户（从高端客户开始）？

_____

_____

概念：框架（第 5 章）、启动（第 6 章）、锚定（第 7 章）、相对论（第 8 章）、社会证明（第 12 章）、助推（第 13 章）、选择悖论（第 14 章）、惊喜（第 17 章）、峰终定律（第 18 章）、互惠（第 20 章）、预期。

要了解更多信息，请查看"聪明的商业"播客的以下几集。

- （第 10 集）与玛丽尔董事会的远程战略会议。
- （第 84 集）如何进行产品打包和捆绑销售。

第 24 章 一系列小步骤

人平均每天要做 35000 个决定。如果假设每晚睡 8 个小时，那就意味着你每小时要做 2188 个决定——每分钟 36 个决定。太疯狂了，对吧？

难怪你的客户、合作伙伴和同事会时不时地分心。我们的生活是由一连串微观选择组成的（如你所知，大多数是由潜意识决定的）。如果你想打破习惯循环，让别人改变他们的行为——试试你的产品，从你这里而不是竞争对手那里购买，或者实施一个新流程——那么就需要一点时间来打破混乱。

多年来，我看过很多广告，也为很多广告方案提供过咨询。

广告（或网页广告、Facebook 上的软广告帖子）的一个常见趋势是，在广告文案中尽可能地包含所有适合你的内容。

正如你所知，这种方法的问题是，大脑很懒惰，很容易不知所措。当事情太多，缺乏明确的方向时，你的广告将进入"稍后处理"那一堆去"吃灰"。

谈到广告（表格、帖子、电子邮件、网页），要遵循"少即是多"原则。我建议我的客户在创造任何东西时都要考虑这个问题："如果人们看到这个后只能做一件事，你希望他们做什么？"

这个答案并不是"买"。因为在"收到明信片"和"购买"之间还有很多步骤。每一步都应该有一个明确的方向指向下一步。当有人回顾他们的整体体验时，峰值和终点是最重要的，确保人们选择正确购买流程的一种方法是，将你与人们的互动视为一系列相互关联的时刻。例如，下面是一个以明信片为例的简版体验旅程：

1. 注意到明信片。

2. 阅读明信片。

3. 翻转明信片。

4. 对明信片产生足够的兴趣，不扔掉它。

5. 访问网站。

6. 阅读主页。

7. 点击产品页面。

8. 点击价格页面。

9. 放在购物车里。

10. 购买。

每一个部分和时刻都有特定目的，都有你想让这个人执行的小步骤。这张明信片的目的是引起人们的注意，并对其产生兴趣，不将其扔掉——内容不应太冗长（这样他们才会继续阅读），并把他们带到网站上。

这个过程也可以通过一张精彩图片来完成，当然，你也可以试试其他的启动感官。

在选择材料纸张前，你对纸张原料是否有什么感觉？不从事市场营销工作的大多数人可能会说没有注意过，让我感到惊讶的是，从事这个领域工作的很多人也不太在意。

在线购物平台让我们信任用户评论（从众心理），但你有没有想过，你的纸质选择对你的品牌有什么影响？

为本书写序的罗杰·杜利，曾经来到"聪明的商业"播客探讨他2019年出版的一本书《摩擦》。如果蒙上眼睛，我依然能准确无误地从书架上找到他的书。为什么？因为封面上的纸很粗糙。它有一个明显的纹理，会引发读者去摩擦它。这与本书的主题完美结合，使它脱颖而出。很明显，他确实仔细考虑了这段体验——这段体验体现了他的一些设想。你的大脑会说："如果他对纸张都考虑得这么细致，可以想象他书中的内容有多精彩！"

当我问起他这件事时，他说我是少数几个向他提起此事的人——但这并不意味着，其他人的潜意识没有将这种启动行为内化。

如果邮箱中的每张宣传单都差不多，怎么让你的那张脱颖而出？有凸起的部分吗？质地粗糙吗？形状有趣吗？

特制宣传单的单价可能更高，但这也会让人们更容易注意到、阅读到和参与到其中去。如果你把每一个体验点都看作是一个小机会，你就可以优化体验并为这些付出获得更多的回报。

我也了解，人们很容易被发行量数字迷惑，感觉需要发送给尽可能多的人。但我宁愿给1000个合适的人，也不愿发送给100万个不愿参与的人——即使成本相同。

获得关注是至关重要的，它也并不像你想象的那么难。

记事贴的力量

假设你是一家保险公司的会计。现在是 12 月，你发现了一个错误：所有 150 名保险代理人的佣金都被加倍支付——这是一个 70 万美元的错误。

这要追溯到你不能用电子方式修复它的时代。拿到钱的唯一办法是，让每名代理人给你开一张支票——有些高达 10000 美元。你正带领一个小团队努力拿回这笔钱。你将如何处理这一敏感局面？

幸运的是，你还记得一次关于大脑的培训，研究发现，信件上附加手写便签会使人们完成阅读并回信的可能性增加一倍。于是，你拿出便签簿开始工作，抱着最好的希望（但也带着怀疑的逻辑思维思考着 B、C 和 D 计划）。

几周后，你震惊地发现 150 名代理人中有 130 人寄回了支票，几周后，除了三名代理人，所有人都已全额付款。一张便签或记事贴怎么会如此强大？

这里有几个因素在起作用，我和我的朋友——西奥迪尼方法认证教练布莱恩·阿赫恩讨论过，他多年前就在保险公司任职。

第一个是，彩色的记事贴会吸引意识大脑的注意力（这很像饼干中各层颜色的对比，研究证明彩色记事贴上的手写信息比普通纸上的更具影响力）。对于像这样不正常的事情，最重要的是要确保潜意识认识到这件事是不同的，值得多看一眼（他们需要在那一刻做出一个小决定才能进入下一个关键步骤）。

第二个是，手写文字的力量。这会触发互惠，并推动收件人采取所需的行动。

在这些研究首次发表后的几年里，许多公司都试图用激光打印的便条模仿这一结果，使其看起来像是手写的。当然，任何一个有正常视力的人都能在几分之一秒内分辨出它并非手写——结果可能比没有便签更糟糕。你这样基本上是在提醒人们注意一个事实，那就是，你不太在乎付出努力，那么他们为什么要去努力呢？

真正的慷慨

正如你从惊喜、峰终定律和互惠的章节中所知道的，礼貌有很多价值。一点额外的努力能让你走得更远。当你遇到这样的重大问题时，花点时间亲自手写便签，并贴在信纸上是值得的。要知道"张贴便签"可能是隐喻性的，因为还有其他方法可以吸引注意力，显示出你是一个真正投入努力的人。记住姓名和重要细节（特别是在 CRM 数据库出现之前）已经帮助无数销售人员脱颖而出。

你不能把对方的注意力吸引到每一件事上，那样就会失去力量，所以要选择好你的便签时刻。假设你每年最多有四个这样的时刻。你会用它们做点什么？

提出一个问题

布莱恩和我在节目中讨论过一个有效的技巧，它可以促使更多人对你的电子邮件、社交媒体信息以及其他交流做出回复，那就是以一个问题而不是一个陈述结束。你会对它的效果感到惊讶。以下是一些被重新定义为问题的常见短语：

如果你有任何问题，请告诉我。	你有什么问题？
希望这能回答你的问题。	还有其他问题我可以回答吗？ 这是否完全回答了你的问题？ 我错过了什么吗？
请告诉我一些可以为你服务的时间段。	有几个时间段可进行通话。你哪个时间方便？
很有趣，我想了解更多！	真有趣——你最喜欢哪一部分？

以问题为结尾会督促人们采取行动，并有助于那个和你沟通的人更轻松地完成整个过程。是的，这对你有利，但并不自私。惊奇地看着吧，看看人们是如何评价与你做生意是多么容易的——这是一个简单的大脑技巧，能实现真正的双赢。

眼神交流

你知道吗，儿童麦片的品牌方会支付上架费，这样他们就可以把商品放在超市位置较低的货架上？此外，对成人和儿童来说，盒子正面的人物角色在麦片上的位置也有所不同。眼神交流的效果很像记事贴——它能吸引人的注意力，增加忠诚度和投入度。能增加多少？那些与品牌角色目光接触的人对品牌的信任度提高了 16% 。

应用小步骤原理

课程内容：每件事都很重要，但这并不意味着你需要同时担心每件事。好奇地寻找机会脱颖而出，并在需要时引起人们的注意。

　　自我尝试：那些没有将自己的体验分成小步骤的人（那些未曾拥有本书的人）可能会开始感到，自己在这一点上被自己的选择悖论所阻挠。是的，每件事都很重要，但这并不意味着你需要经常关注每件事。重温你在前几章中所做的笔记，这些笔记将你的体验分成了最小的几部分。

　　你是否错过了你经历体验中的哪一小步？

_____

_____

　　你是否需要/能够增加或减少什么东西？

_____

_____

　　你是如何应用便签时刻来助推行为实现的？

_____

_____

　　你在哪个环节能将一个陈述转换成为一个问题？

_____

_____

　　红利提示：在环顾其他品牌的宣传材料时，要充满好奇心。问问自己，"是什么让我点击某个链接的？"或"我为什么停下来看那个特殊的邮件？"或"我为什么要删除那个邮件？"或"我想知道他们是否有意把它们放在那个架子上"，这对你的大脑是一个很好的锻炼。要保持好奇心。学会观察，怀疑。你将会发现令自己品牌脱颖而出的小机会，并在需要时突破混乱的局面。

概念：框架（第 5 章）、启动（第 6 章）、锚定（第 7 章）、相对论（第 8 章）、从众心理（第 11 章）、社会证明（第 12 章）、助推（第 13 章）、选择悖论（第 14 章）、分区（第 15 章）、惊喜（第 17 章）、峰终定律（第 18 章）、习惯（第 19 章）、互惠（第 20 章），现状偏好，预期。

在本章中，你能从我与布莱恩·阿赫恩的对话中看到很多很棒的见解！请收听"聪明的商业"播客第 104 集，了解更多精彩内容：

- （第 104 集）如何在道德上影响他人，布莱恩·阿赫恩。

第25章　我可以为你点菜吗

你认为菜单设计对人们的用餐体验有多大影响？你可能会认为影响不大——只要有一些合理的选择架构（按可理解的类别排序，而不是按字母顺序排序，来减少选择悖论），其他就不重要了，对吗？

然后，你可能会认为，使用行为经济学优化菜单应该在"关于定价的真相"一章结束——使用锚定和相对论，将最昂贵的葡萄酒或牛排放在第一位，来帮助人们做出中间选择——但真正的行为经济学家知道，远不止于此。

得克萨斯农工大学人类行为实验室在菜单项目上取得了巨大的成功。移除美元标志，更新菜单布局和描述（包括启动和框架技术），采取其他干预措施，使梅西纳酒庄的盈利能力提高了18.6％。价格保持不变——只是通过运用行为经济学的知识优化菜单实现的。

1755 得州 Pit BBQ 餐厅也与该实验室合作，寻求提高盈利能力。随着鸡胸肉越来越贵，这种产品的利润率比火鸡和香肠低得多，但几乎没有人选择火鸡和香肠。实验室做了一些调整，包括：

- 使用易于阅读的字体。

- 将火鸡和香肠放在菜单的第一项和第二项（引起人们注意）。

- 给出启动名称（从"火鸡"改名为"慢熏火鸡胸脯"）和描述（"慢熏以保持其多汁，新鲜切片以释放其所有风味"）。

简单的菜单调整可以带来巨大的变化，比如火鸡销量增加400%

　　结果如何？火鸡的销量几乎立刻增长了30%，在六个月内（甚至在新冠肺炎疫情期间）增长了四倍，香肠的销量增长了50%。而且，顾客在尝试了新产品后，也感受到了快乐。又一个双赢！

　　类似地，《涟漪》一书的合著者杰兹·格鲁姆和阿普里·维尔拉科特告诉我，考里咨询团队为英国一家大型餐饮集团进行了一项菜单优化项目。该项目的目标是让每人增加四便士的开支。

　　乍一看，菜单似乎做了所有正确的设计：插图很好，展示了品牌，有留白，各部分划分合理。但是，使用眼动跟踪测试后（你将在第 28 章中了解更多），考里团队发现了 21 个造成摩擦的心理障碍！98% 的注意力放在了菜单边缘部分，或者被困在了空白处，正如你在下图看到的。

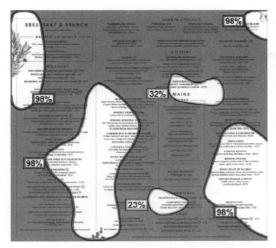

眼动跟踪清楚地表明，人们在使用此菜单时会感到困惑。

　　与糟糕的菜单搏斗，会导致不必要的焦虑和时间压力，因此，"你最终选择了一些你可能不满意的东西，"杰兹说，"这会影响你在餐厅的整个体验，即使你不能精确地说出它是从菜单开始的。"他们的建议可能看起来很微妙：

- 旋转和移动图纸，以便将视线吸引到最重要的位置。
- 添加阴影部分，以引起对某些产品的注意。
- 加入精美的鸡尾酒图片，以克服用餐者的犹豫或恐惧。

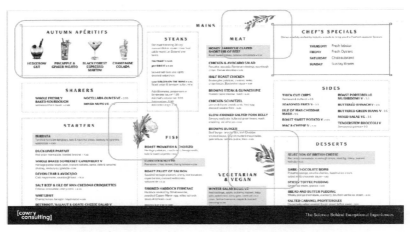

新的菜单让你的眼睛一直在动，并把注意力吸引到正确的地方。

聪明的启动图像——像这里显示的鸡尾酒——对大脑来说更容易处理。虽然理解文本需要300～400毫秒，但图像只需13毫秒就够了。

考里团队将客户的目标提高了两倍多，人均支出增加了13便士。

是的，你有菜单

虽然这里的例子展示的是餐厅菜单，但每家企业每天都会向当前客户和潜在客户展示菜单。

你的企业不断在网站、社交媒体、传单等许多媒介上提供选择。想象一下，你的企业也能在为顾客提供满意产品的同时盈利能力提高18%，或者营业额提高400%。

你的网站能否带来精心策划后的体验，就像利用了行为科学设计的菜单一样？还是象征性地把开胃菜、甜点、饮料、主菜和配菜都混在一起，给人们带来了挫败感？

应用菜单心理学原理

课程内容：当你提供太多信息而不考虑大脑运转时，它甚至会影响整个体验，即使人们无法精确地说出困扰是从"菜单"开始的。

自我尝试：思考一下，你的小步骤列表中的项目是如何工作的，该如何改变，让事情变得更好。像考虑用餐体验一样来思考问题、改变现状：

哪些步骤需要放在第一位（设置舞台、设计）？

_____

_____

最佳选择（开胃菜）是什么？

_____

_____

最核心的部分（主菜）是什么？

_____

_____

哪些方面可以增强体验？

_____

_____

你应该怎么放置樱桃，让它看起来更迷人（甜点）？

_____

_____

顶峰是什么？终点是什么？如何充分利用峰终定律？

_____

_____

什么因素会让他们想多次回头光顾？如何推动互惠（薄荷和小票）？

概念：框架（第5章），启动（第6章），锚定（第7章），相对论（第8章），助推（第13章），选择悖论（第14章），支付的痛苦（第16章），惊喜（第17章），峰终定律（第18章），互惠（第20章）

要了解更多信息，请查看"聪明的商业"播客以下几集：

- （第33集）在得克萨斯农工大学人类行为实验室内，对马可·帕尔马的采访。

- （第131集）小行为改变带来巨大影响，杰兹·格鲁姆和阿普里·维尔拉科特。

第 26 章　你在解决什么问题

> "每当人们的目标是改变行为时，往往很容易忽视这个最好的问题：'为什么人们还没有这样做？'"

——卡斯·桑斯坦博士，《助推》一书的合著者

如第 21 章所述，在商业中应用行为经济学时，理解问题至关重要。既然你已经在仔细考虑体验——产品线、小步骤、定价和演示——那么，现在就是设计一项测试之前，重新考虑问题的最佳时机。

你的大脑对现状的偏好和从众本能可能会试图说服你坚持下去，坚持你所概述的初始问题。大脑抓住了这个想法，不希望因为现在做一些不同的事情而带来不可预测性——即使你还没有真正开始实施任何事情。相信我，现在重新审视这个问题，要比在测试过程中意识到自己做错事情要容易得多（也便宜得多）。

在整个过程中，修改问题陈述，或修改首要问题，都是完全可以的。事实上，如果你在之前步骤中没有发现什么问题，那么你就需要重新开始。

请记得爱因斯坦的事例，他花 55 分钟来理解问题。你有 55
分钟呢。本章会列举一些其他组织的例子来为你提供灵感。这些
组织违背了世界所公认的"已知真相"，重新编写了问题陈述，
取得了惊人的效果。

为什么人们不付账单？

企业可能会认为，人们决定不买单是有意识的行为，因此改
变他们行为的唯一方法是措辞强硬的威胁、处罚和罚款。出于这
个原因，罚款方法（棍棒）在收款中很常见——如果你不付款，
你将受到惩罚。

瑞士的未付账单几乎超出了欧洲其他国家的总和，这不论对
公司还是市民都是问题。为此，大型电信供应商瑞士电信
（Swisscom）致电行为经济学家伊丽莎白·伊默（Elizabeth
Immer），请求增加付款的客户数量——同时还要提高满意度
分数。

让人们付钱给你的同时还能感到高兴，这可能实现吗？

> 对瑞士电信来说，有几个"已知真相"需要克服：
> - 瑞士的人们不会为账单付款。
> - 人们知道自己应该支付账单，但选择不支付。
> - 威胁和惩罚是阻止坏行为的最佳方式。

伊丽莎白知道，开始行动之前，重要的是找出正确的问题。
她告诉我，一开始她度过了许多不眠之夜，花了很多时间试图找
出真正的问题。翻来覆去的结果是，如下两个问题决定了项目：

- 为什么客户不支付账单？

- 我们如何让客户做他们应该做的事？

她说："我认为，该项目的成功在很大程度上归功于我们把重点放在研究阶段。""在研究阶段之后，起草新流程相对容易。"重新设计流程包括：

- 何时联系客户？（他们什么时候变得不知所措？）

- 使用什么媒介？（背景环境很重要）

- 哪一点会鼓励人们付款（胡萝卜、大棒，胡萝卜加大棒)？（有助推作用的激励措施）

- 电子邮件应该是什么样子？（启动、框架）

- 应该使用什么措辞（和数字)？（框架）

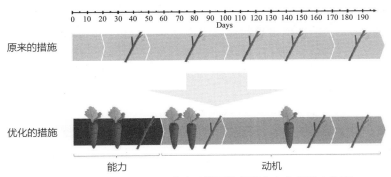

以前只用大棒，但一些合理放置的胡萝卜也会起巨大作用。

一个问题是，客户没有预料到瑞士电信有罚款和其他处罚措施。这意味着，惩罚措施在让客户加速付款方面效果不佳（不过这确实会让客户感到不安!）。在许多情况下，当第一次联系客户处理这个问题时，客户就已经深陷经济困境。瑞士电信需要在他们被压垮之前做出反应。

要清楚地警示客户他们面临罚款的风险，并向他们展示如何避免罚款，这样能为客户提前付款提供强大动力。在这个过程中，加入一些胡萝卜（善意的推动）也表明，在不引入任何新惩罚的情况下，他们有兴趣帮助客户而不是伤害他们。这样做的结果怎么样？

顾客们现在付账单的速度快多了——满意度也提高了！在最初的两年里，瑞士电信致力于了解真正的问题，为他们节省了大约 880 万美元。

虚拟并不意味着更糟

当新冠病毒流行造成旅游业大幅衰退时，许多依赖会务业务的企业正争先恐后地将其计划降级为虚拟体验。但这是不得不做出的降级，还是仅仅是对你热爱现状的大脑的一种限制性信念？

克服限制性信念的最好方法是用问题来攻击它：

- 谁说的？
- 为什么我会有这种感觉？
- 如果那不是真的呢？
- 会有什么不同？
- 如果相反的情况是真的呢？

当其他会务公司都在向外发展"日渐减少"的会议业务时，奥美英国公司的行为科学家们利用 Nudgestock 采取了不同方法。2019 年，在线观众约有 400 名行为科学爱好者；他们预计 2020 年将达到 450 人。研究小组采取了一种不同的方法来自问："我们如何才能实现更大的梦想，创造出一个我们无须面对面完成的活动?"他们还问:"我们如何才能创造出行为科学的在线辅助工具?"

Nudgestock 2020 包含了世界级演讲者连续 15 小时的免费内容,在世界各地多个时区(从印度开始,到夏威夷结束)"巡回"。

它有超过 120000 名虚拟与会者。

这些人并不是闲散的网络研讨会参与者。推特上整天充满了喧闹的对话,人们不断结交新老朋友,领英(LinkedIn)上成立了一个蓬勃发展的行为科学俱乐部,俱乐部成员迅速增加到 2000 多人。与会经历感觉很棒,所以当会议再次召开时,Nudgestock 成为我清单上的优先事项。如果他们将来选择收费,我也会为他们的虚拟活动付费。

通过设立更大的梦想,从不同角度思考问题,奥美能创造出一个远超预期的活动。它已经建立起品牌资产,规模不可估量。这一切的开始,源于他们从不接受自己已经做的就是正确的或最好的方式。

世界在变,他们没有让旧规范阻止他们创造出令人敬畏的东西。

无数字体重秤

你能想象在没有数字的秤上称体重吗?

这不可能奏效。我的意思是,如果你没有可以追踪的数据,你怎么知道自己什么时候会进步(或者阻止自己在错误的方向上滑得太远)?

丹·艾瑞里是《怪诞行为学》(以及其他几本畅销书)的作者,是杜克大学丹·艾瑞里高级后知研究中心的创始人和负责人，也是世界上最著名的行为经济学家之一，他对健康问题的看法略有不同。

正如他在"聪明的商业"播客第 101 集的采访中向我解释的那样，健康的概念远不止体重，但不知何故，我们只关注数字。从模拟秤（表盘和指针）过渡到数字秤（屏幕和数字）可以让测量变得更加具体，给人们精确的体重（精确到小数点后一到两位），这样看起来应该是有帮助的，但事实并非如此。

丹说："每个人的体重每天都会有 2 ~ 8 磅的波动，要想从数字中看到行动效果，需要延迟两周。"因此，干扰呈现自然波动形式，要看到真正的结果则存在延迟。总之，这些现象可能会让人产生困惑，有时甚至会因数字而降低积极性。"想象一下，健康饮食，锻炼三天，体重却增加了，这多么令人沮丧。"（我告诉他，我不需要想象——我已经体会过这种感觉了！）

等待数字出现时的恐惧感也是很难克服的——我们中有多少人在减重一点之后的几天内都在避免再踏上体重秤？

事实证明，早上踏上体重秤的动作，比知道一个具体的数字重要得多。这个动作会让你的头脑为一天的良好决定做好准备——就像滚雪球一样。如果你早上的第一件事就是考虑你的体重，那么你很可能会记得安排好一天的饮食和锻炼。另一方面，如果你在晚上踏上体重秤，那么，除了好好休息一晚，其他你也无能为力了。

> 沙帕（Shapa，智能体重秤）的"已知真相"是，知道一个人的具体体重对健康至关重要。你可以问一些问题，比如"健康意味着什么？"或者"你需要知道自己的体重才能减肥吗？"帮助人们打破已知真相，找到新的、头脑友好型的问题描述。

　　因此，沙帕这个无数字体重秤更加关注行为：是否养成每天踩体重秤的习惯，不再关注体重数字，更多地关注整体健康。

　　由于没有数字，你可能会想知道，你如何知道自己是否在实现目标的轨道上？沙帕使用五色系统。它不是专门关注减肥，而是奖励用户保持体重（"恭喜！没发生什么不好的事情"），并避免在体重增加时警告他们。

　　虽然典型的颜色编码方法是使用红、黄、绿的红绿灯方法，但丹和沙帕的团队知道，黄色不会是一种特别有吸引力的颜色。当你期望绝大多数时间都处于一种维持状态时，黄色并不代表庆祝（我们的大脑把它与"小心"联系在一起）。所以，当没有变化时，你的体重是绿色的。

黄色和红色，
会产生适得其反
的效果，让人失去动力

**在沙帕的色彩系统中，绿色是祝贺你保持现状，
减重是蓝绿色或蓝色，而增重则是灰色。**

　　沙帕是建立在趋势之上的。在最初的十天里，你需要每天使用两次沙帕体重秤（形成习惯），然后才能获得色彩显示。在这段时间里，它的系统在学习你的正常体重范围，以确定绿色范围的含义（对每个人来说都不一样），因此 2~8 磅的自然波动不会给你带来不好的消息。

你是否尝试过跟踪自己的卡路里，并对数据做一点篡改？比如，你吃了七块糖果，却说自己只吃了三块？为什么我们必须这样做？不管怎样，我们的身体仍在吸收卡路里，所以大脑只是在自欺欺人——但它仍然感觉更好，你知道吗？跟踪卡路里数据有助于人们减肥，但只有当人们诚实的时候才有效。

沙帕解决了这个问题。你在踏上体重秤时不用害怕数字的出现。消费者知道有东西在跟踪他们的进度。它会做记录，提供每日状态颜色，让他们祝贺自己维持健康，而无须担心各种复杂状况。

让行动变得简单（每天踏上体重秤）、消除恐惧因素，可以在改善整体健康的同时建立一个重要习惯。4/5 的用户每周会使用沙帕六次或六次以上，使用一年后，75% 的用户体重得以保持或实现减重。

理解真正的问题，比达到一个数字目标更加重要。

向已知真相发起攻击

课程内容：你的大脑希望自己是正确的，并且寻找证据来证实自己的信念。我们都有"已知真相"，并认为理所当然，这会阻碍我们前进。除非你发现并揭穿已知真相（以及你企业和行业中的真相），否则你将无法理解自己需要解决的问题。

自我尝试：写下三个可能会限制你对问题下定义的"已知真相"。用问题攻击它们。

已知真相一：＿＿＿＿＿＿＿＿＿＿＿＿＿＿＿＿＿＿＿＿

不赞成的问题是：＿＿＿＿＿＿＿＿＿＿＿＿＿＿＿＿＿

已知真相二：_____

不赞成的问题是：_____

已知真相三：_____

不赞成的问题是：_____

我们的真正问题是：_____

概念：框架（第 5 章）、启动（第 6 章）、损失规避（第 9 章）、从众心理（第 11 章）、助推（第 13 章）、选择悖论（第 14 章）、习惯（第 19 章）、互惠（第 20 章）、现状偏好。

要了解更多信息，请查看"聪明的商业"播客以下几集：

- （第 101 集）沙帕，无数字体重秤，与丹·艾瑞里。
- （第 118 集）行为科学俱乐部，与联合创始人路易丝·沃德。

第 27 章 新奇和故事的力量

你现在应该基本准备好构建第一个测试了，但在进入最后一个阶段之前，还有一个更重要的考虑因素。好消息是——这个因素很有趣。

人脑都喜欢新奇和小怪癖。我们都喜欢笑话和愚蠢的小把戏，或是让我们感觉自己聪明的文字游戏。

在你的体验旅程中，所有的小步骤都很重要，都值得深思熟虑。这就是说，如果你的第一个干预点不够有趣，你的目标将永远无法进入后续阶段（因为他们已经把你的广告一带而过或删除了电子邮件）。

吸引注意力和被注意的一个好方法是加入一些有趣的东西。

卡斯·桑斯坦在开发助推理论时提出了 FEAST 框架（这是对行为洞察力团队 EAST 模型的改编）。一个很好的行为干预有以下特点：有趣、简易、有吸引力、社会性和及时。

关于这个框架，我最喜欢的一个例子是从一种特别的商品开始的：葡萄。

选择葡萄是一个非常简单的决定，对吗？绿色或红色。有核或无核。没有品牌需要考虑，也不用考虑从哪个喜欢的农场购买。至少在甜美的棉花糖葡萄出现之前是这样。在"聪明的商业"播客第 2 集"企业易犯的五大措辞错误"中，我向观众介绍了这一水果。每年，当世界各地的棉花糖葡萄粉丝们发现自己所在地区可以购买棉花糖葡萄时，他们就会贴出图片，并贴上标签。（这个例子与艾德限量版番茄酱 Edchup 的事例有所不同，但仍然是一个有趣的传统。）

重点在于，棉花糖葡萄很有趣！它们有粉红色的包装，放在产品货架上很打眼；框上的棉花糖图像很吸引人，让人易于理解。因为数量有限（稀缺），所以变得非常受欢迎。每年，它们第一次上市时，网络上分享照片的数量就会攀升，"棉花糖葡萄手表"开始出现（很像星巴克的红杯子）。最后是及时性，因为人们在商店里考虑买哪种水果时，就会看到它们在货柜上。我想要普通的葡萄，还是有趣的葡萄？选择很简单。

当你在生意中应用行为经济学的方法时，要把有趣记在心里。是的，它是一门科学，但大脑仍然喜欢新奇。如果你在设计方案时感到无聊，那么它可能就不会吸引潜意识的注意力。

在搭建 FEAST 框架的基础上，我想更进一步，成为 FEASTS。如果你想在业务中应用行为经济学，请做到：

- 有趣（Fun）。
- 简易（Easy）。
- 有吸引力（Attractive）。
- 有社会属性（Social）。
- 及时，并让它能讲一个伟大的故事（Timely）。
- 有故事性（Story）。

从前……

是什么让故事如此特别？

神经经济学研究中心创始主任保罗·扎克（Paul Zak）博士发现，神经化学催产素是讲故事的中心。他和研究小组发现，催产素向大脑发出信号，表示接近某人是安全的——他们是可以信任的。催产素的释放触发了移情，激励我们更有合作精神（就像互惠反应一样）。

扎克的团队发现，在读角色驱动的故事时——甚至在看视频时，催产素都会释放。

但这只有在你以某种张力抓住观众的注意力时才会有效。无论是新的大片还是商业推广，一个好的故事都会吸引你。

这就是为什么视频的最初几分钟如此关键。如果你的视频一开始就说："大家好，梅琳娜又来了。我真的很高兴今天能和你们谈话，因为……"观众已经走了。然而，一个有趣的问题、有力的图像或独特的面部表情可能会让人停下来说："嗯……我想知道接下来会发生什么。"

回到我们的小步骤流程，故事中的每一个时刻（无论是视频、一系列图像还是文字叙述）都发挥着让观众进入下一个时刻的作用——理想情况是，让他们准备去采取你在流程中设计的行动。有时候，这个故事的唯一目的是让他们对你的频道感兴趣。其他时候，你希望他们点击一个分享链接，分享内容，或者购买。

娓娓讲述的故事能与大脑的记忆中心相联系，人们更容易记住他们从中学到的东西。每一种文化，从古至今，都在以某种形式讲故事。它们是我们天性的一部分；你的品牌应尽可能加以使用。

拯救小企业的故事

想象一下，现在是 2019 年末。你拥有一家小企业，在市中心最繁华的街道上找到了一个很棒的地方，总有人步行路过，一切看起来很好。这座城市宣布了一个项目，将有一条轻轨路过你所在的地区，这对你的长远发展是有好处的……但工程建设使你的街道无法通行，他们说需要几年时间来施工。

曾经繁华的地方现在变成了鬼城。几个小时的营业时间里，只有三个人和一条狗经过。两周内，第一家店就倒闭关门，很快升级到每周都有五家店倒闭。事情看起来很糟。

就在此时，特拉维夫市政府找来了科鲁公司，看看是否能帮助拯救小企业。

科鲁了解了这个问题：人流量减少且会持续三年——没有一家企业能够生存下来。正如上一章的例子，他们要在一个坚实问题的基础上，来决定将采取的正确行动：要采取什么行动来激励人们购买当地企业的商品？

他们的解决方案包括了一些聪明的激励措施（每花一美元，你就可以在一个应用程序中收到30%的返券，只能在当地商家使用）和用讲故事的能力来吸引顾客。

科鲁没有发送简单的新闻稿来宣布奖励措施，鼓励人们参观商店，而是在宣传中使用了个人故事和图片。

讲述个人故事，鼓励人们采取行动。

在最初的 45 天里，超过 4000 名游客在耶路撒冷大道上的商店达成了 23000 笔交易——其中 70% 的人从未在那里购物过。15 万美元的返券为小企业带来了 70 万美元的收入。

最棒的是：即使激励措施结束，人们仍在那里购物，使企业营业收入额外增长了 30%。为什么？因为顾客已经开始关注企业主的个人故事。顾客不仅仅是为了获得金钱奖励——他们还希望能帮助和改变企业主。

希望与授权

"你患了癌症。"

这几个词谁也不愿意听，但在美国，每年有 180 万人被诊断出患有癌症。

当你或你爱的人得到这个诊断时，你会去哪里寻求答案？有多少问题让你深夜难眠？你该去咨询谁？你怎么知道谷歌的答案是准确的还是虚假的？而且，如果你不够富有——找不到最好的医生，也无力四处寻求第二和第三种见解——你怎么才能更好地保护自己？

如果你正在设计一家企业，能够提供癌症方面的最好的、经过仔细审查筛选的信息查询服务——它应该是什么样子？

对我们中的许多人来说，它可能是类似于 WebMD（美国互联网医疗健康信息服务平台）的东西。但对于 SurvivorNet 的联合创始人史蒂夫·阿尔佩林（Steve Alperin）来说，这并不是最易理解的解决方案。史蒂夫曾是美国广播公司新闻部的主管，他知道故事的力量，知道如何让富有挑战性的话题变得更容易理解。

史蒂夫告诉我："彼得·詹宁斯（Peter Jennings）担任美国广播公司《今晚世界新闻》（ABC World News）的主持人已有20多年了。他是人们生活的一部分，因此当他被诊断出患有肺癌时，这真的震惊了全世界。在他死后，人们对肺癌的认识迅速上升，第二年的筛查率上升了3.5%，想想看，这真是不可思议。"

告诫人们接受筛查或戒烟没有什么用。我们有偏差的大脑认为自己还有时间；总喜欢相信自己是免疫的，这不会发生在自己身上。看着心爱的偶像输掉这场战斗，成了许多人接受筛查的推动力。

十多年后，史蒂夫推出了 SurvivorNet，它自称是癌症信息的领先媒体网络。这不是一份枯燥乏味的学术文章清单，也不是散布恐惧的平台。

SurvivorNet 是一个媒体网络。它运用故事的力量帮助人们在患癌这一可怕的时刻获得希望和勇气。他们提供了接触顶级医生和实际病人的渠道——所有这些都像新闻网络一样。平台上有简短、优美的视频和大量的真人真事。

事实证明它非常强大，SurvivorNet 已经超越了一个普通网站的概念（每月有 260 多万独立访客）。SurvivorNetTV 会在 Apple TV、Roku TV、Prime Video 和 Google Play 上进行流媒体直播。

如果 SurvivorNet 可以利用故事的力量帮助人们了解癌症并在抗癌之旅中感受到力量，而科鲁可以帮助小企业蓬勃发展，那么你的企业可以做什么呢？

运用新奇和故事原理

课程内容：有趣且讲得好的故事可以吸引大脑的注意力，并成为你改变人们行为的关键。

自我尝试：是时候采取 FEASTS 行为了。

如何让你的干预变得有趣？

_____

_____

哪些措施能让干预看起来更简单？

_____

_____

最吸引人的地方是什么？

_____

_____

怎么变得流行起来？

_____

_____

最有及时性的是什么？

_____

_____

你在哪里能引入一个很棒的故事？

_____

_____

概念：启动（第 6 章），损失规避（第 9 章），社会证明（第 12 章），助推（第 13 章），互惠（第 20 章），现状偏好，催产素。

要了解更多信息，请查看"聪明的商业"播客以下几集：

- （第 54 集）对新奇和故事的偏好。
- （第 113 集）如何使用行为经济学与科鲁一起创建繁荣的城市。

第 28 章 测试，测试，测试

WHAT YOUR
CUSTOMER
WANTS
AND CAN'T TELL YOU

想象一下，你要对从未与你做过生意的人进行一项全球调查，询问他们："注册之前，你想了解更多的一件事是什么？"46% 的人说的是同样一件事。这是一件可以轻松说明的事，你的员工和制作团队多年来一直主张添加同样的内容，因为他们也认为这是阻止人们进入交易的障碍。

你会怎么做？

你会说，"太好了！让我们开始添加吧"。还是说，你会停下来先做一个测试（或十个测试）？

在许多企业中，人们的心态可能是，调查就是测试。你做了尽职调查，问了这个问题，近一半的人都确认了这件事，所以这里至少有一些事实。你可能会倾向于尽快推进并付诸实施。

幸运的是，Netflix 没有采取这种看似合乎逻辑的做法。

进入交易的最大障碍是，在注册免费试用之前无法查看内容目录。完全合乎逻辑——但他们仍然进行了一些测试。

该团队设置了一系列 A/B 测试，来确定哪种新版本最好。他们完全期待所有的新版本都会比现有版本表现更好——毕竟，近一半的人说这是阻止他们注册的原因之一。该测试将用来确定哪种新设计的转化率增加最多。

第一轮是将控制组（无可见内容）与测试版本 1 进行对比。控制组胜出。

接下来，控制组继续与测试版本 2 竞争。控制组再次获胜。然后又获胜。一次又一次获胜。

没有内容的版本每次的转换率都更高。

到底什么情况？纳文·艾扬格（Navin Iyengar）在一次演讲中说，他可以看出人们被各种选择和选项弄得不知所措。他们开始搜索特定的标题，但无法体验使用 Netflix 的魔力。

用户的自主意识大脑认为自己更喜欢某样东西，但太多的选择让他们不知所措，导致免费试用注册人数减少。虽然任何案例研究材料中都没有说明这一点，但我想冒昧地说，从寻找可用信息的预期中释放出的多巴胺，会激励人们克服"注册试用期"的困难。当缺少期待或没有好奇时，谁会去点击按钮呢？

对 Netflix 来说，每个季度都有数百万新用户注册，直接向市场公布调查结果可能会对他们的收入产生灾难性的影响。谢天谢地，他们拥有一流的行为团队和建立在测试基础上的文化。

这里重申了你在第 3 部分开始时所学到的知识：人们认为他们希望拥有，并不意味着他们想要。仅仅因为你确信某些东西会起作用（甚至实施了本书中的一些概念），也并不意味着它们就是灵丹妙药。

而且，正如我向客户和无数观众所解释的那样，如果不做测试，就无法知道你的解决方案比其他可能尝试过的解决方案好多少。又或者，如果你采取了别的措施，事情会变好多少。

Dectech 是英国的一家咨询公司，通过随机对照测试平台

BehaviorLab 为客户进行测试，其无数研究表明了测试的重要性。

其中一个是关于"善意谎言"的欺诈机会（比如，在表格上填写另一个保险费较低的司机，或者说，申报被偷的笔记本电脑比真实价值高出 100 美元）的。这些小小的行为加起来，让保险公司的损失每年超过 10 亿英镑（这导致了每个人的保费上涨，形成恶性循环）。机会主义欺诈通常不是有预谋的，而是好人当场做出的决定。

因此，Dectech 对 18 个场景中的五个概念（规范/社会证明、自我一致性、启动、框架和互惠）进行了测试，以了解什么最有效。

在模拟索赔过程中，几乎每一次干预都有积极的影响，减少了不诚实的申报，但需要进行测试以了解哪一次效果最好。如"诚实承诺"带来了 5% 的改善，显示其他人有多诚实的统计数据则减少了 74% 的谎言。如果他们只是利用诚实承诺获取 5% 的改善，他们仍将损失数亿英镑。

要知道哪些概念在你的环境中起作用（以及达到何种程度），唯一的方法是测试。

有时，"只是为了看看会发生什么"这类疯狂的事往往是最有效的。晨星行为科学主管、《随心所欲》（Designing for Behavior Change）一书的作者史蒂夫·温德尔（Steve Wendel）告诉我，他们进行了一系列测试，看看哪种情况会推动人们避免外国 ATM 费用的行为。所有这些明显的举措都没有起到太大作用，但一个 ATM 机怪物吃钱的画面却起到了效果。我敢打赌，这一定是一个有趣的（F）、轻松的（E）、吸引人的（A）、有社交属性的（S）、及时的（T）、有故事性的（S）画面。

如果我们都有庞大的预算和超过 1.8 亿规模的用户可以用于

A/B 测试，那就太好了，但你不需要成为 Netflix 就可以从不断的测试中获益。

自行测试

当你进入将行为经济学应用于商业的世界时，我建议你在设置测试时牢记以下三点：保持小规模、深思熟虑和经常测试。

小规模

Netflix 做过一系列简单的 A/B 测试，这并非偶然；针对各种不同事情，他们使用的都是相同的简单框架。他们使用 A/B 测试发现，正确的图像可以使人们观看内容的可能性增加 30%。谷歌使用 A/B 测试为他们的链接找到了完美的蓝色色调，他们说这样每年会额外带来 2 亿美元的广告收入。

如果你一次性测试了太多内容（将文本变成按钮、更改颜色、更改文字、移动位置和添加图像），就无法找出造成差异的原因，无法用这些信息了解原因。正如我的同事马可·帕尔马博士所说："如果你头痛，同时服用六种不同的药物，头痛消失时，你不知道是哪种药物起了作用，下一次该使用什么药物。尝试其中一种，等待一段时间，看看它是否有效，这样做更好，成本更低。"

让你的测试保持在小规模状态，将有助于你学习和实施这些可复制的实验成果。

深思熟虑

"聪明的商业"播客的每一封电子邮件和每一集都以这句话（Be thoughtful）结尾，这是有充分理由的。深思熟虑意味着什么？

首先，深思熟虑就是要克服那些已知真相和限制性的信念。要多问问题，来寻找机会和他人错过的未知领域。

这还意味着，在开始测试之前要花时间做计划（使用本书中的框架作为指南）。即使你只是在测试小项目，但如果不小心的话，也会消耗大量时间。为每封电子邮件、帖子、网站页面和邮件编写多个版本，很快就会成为设计和分析人员的全职工作。

与其测试所有东西，不如测试正确的东西。

在构建测试之前，请了解你试图解决的问题以及问题的重要性。你想实现什么，为什么这对你的业务很重要？

这很有用，有几个原因。

首先，它可以缩小你的关注点，这样就不会分散注意力。这意味着，你可以更有效地利用时间，投入足够的资源来实现你所掌握的，并逐步完善。任何东西都值得测试，但如果缺乏明确的重点和目标，一切都可能是浪费时间。

其次，它有助于传达研究背后的"原因"和组织的总体情况。

- 如果你的公司是价值驱动的，那么集中测试就应反映这一点。什么东西能让你花费更少的广告费，以便为顾客提供更大的折扣？如何最有效地展示产品？

- 如果你的公司专注于将现有流量转换为客户，那么提升打开率和点击率更为重要。

- 如果你有一个申请流程，你知道人们的阻碍点在哪里吗？为什么？什么原因能促使他们继续下去呢？是某类客户遇到问题，还是每个人都会遇到问题？是否有些合适的客户陷入困境，有效地减少了处理人员的工作量呢？

确保所做的事情都值得去做，这样你就不会把大量的时间和精力花在那些没有回报的事情上。

凡事事先考虑周到，可以让你有目的地构建测试、项目和产品，便于你不断学习和改进。

关于普遍性的说明

一次测试的结果并不一定适用于所有情况或所有业务。

记住，背景环境很重要。Facebook 上"立即购买"的红色按钮要比塔吉特（Target）网站上的按钮的影响力更大。

构建阶段的深思熟虑，将为你在另一个环境下合理扩展自己的发现而提供背景。

还有一句话要对智者说：你不可能深入挖掘你事先没有准备好的信息。如果你想深入研究人口统计数据和其他细节，那就把它们放在数据前端。花点时间仔细考虑自己想了解的内容，以及如何在建立测试框架前使用这些洞察力。

在保持小规模测试和考虑所有你可能做的事情之间有一个平衡。

早测多测

小型内部测试可以让你快速采取行动。测试越多,学到的就越多,学习也就越容易。每个测试都是学习、提问和设置另一个测试的机会。

当你开始自己实验时,请做好准备,你可能会遇到预料之外的或事先未考虑到的结果——我们经常遇到这种情况。正如你在这里的一些示例中所看到的,意外往往是最有趣的。"我想知道为什么会这样?"由此,我学到了比不断尝试证明原始假设更多的东西。

"如果你折磨数据足够长的时间,它会坦白一切"。

——罗纳德·科斯(Ronald Coase),英国经济学家

无结论(无变化)和相反的调查结论都为你提供了重要信息。要与大脑里的确认偏差和渴望获取正确内容的想法做斗争,因为这样可能会鼓励你去尝试操纵那些发现的内容,让它们符合你认为应该发生的事情。相反,如果以开放的心态介入,你就可以看到结果并从中学习。

如果你已经更改了一个图像四次,但没有任何影响,这可能意味着该图像没有那么重要,因此你的团队可以退一步(可以尝试不使用该图像,看看它是否真的不重要或只是一个有用的诱饵)。

谷歌的"手气不错"按钮被不到 1% 的访问者点击——据报道,这使他们每年损失 1 亿美元的广告收入。那为什么还要保留呢?经过 20 年的持续测试,人们发现它可以鼓励更多的人在搜索结果出现时以传统方式查看搜索结果(尽管大多数人不点击)。删除按钮以获得更多广告收入,实际上会让他们付出更大代价——正因为他们在持续测试,所以他们知晓这一点。

当你对自己的数据感到惊讶时，应该感谢有追问原因的机会，并以开放的心态深入挖掘。

对于高知名度项目

内部测试非常好，应用本书中所学到的知识，你可以做很多事，也可以取得很多成绩。但有时候有些项目——就是你所知道的那些——其结果影响很大。对于这些项目，我建议引入一位研究合作伙伴。

由于本书的目的是为你提供自己应用行为经济学所需的工具，因此我有意识地没有多谈该领域赖以存在的科学基础。

> 几十年来，来自世界各地的市场营销和品牌专业人士一直在努力传达其学科的价值。也许你遇到过这样的人，他说（或者你自己也相信）市场营销是一个"软"领域，基于猜测和直觉，而不是硬数字和事实。
>
> 行为经济学为营销人员提供了量化和解释其价值的工具。这就是为什么我觉得它是营销、品牌和整体商业战略的未来。我预测，在未来十年，行为经济学将成为全球商业计划的基础。

这门科学向我们展示了什么？没有太多的技术含量吗？实际上很多！在得克萨斯州农工大学人类行为实验室，通过与iMotions合作，我们可以每秒同时跟踪600个数据点，包括：

- 眼睛每秒扫描环境两到三次。人们在这些微观运动中看到了什么？是不是有什么东西让他们的眼睛反复观看？
- 看到该物品时，他们的面部表情发生了什么变化？例如，如果他们的眉毛皱起，可能意味着他们感到困惑。

- 他们花了多长时间做出决定？毫秒级的延迟都说明了很多问题。

- 他们对展示感到兴奋吗？还是感到惊讶？我们可以实时观察他们的心率，同时跟踪他们的皮肤，看看是否有少量的汗液产生，这些都表明他们在参与其中。

- 发生这种情况时，他们是靠近屏幕还是远离屏幕？与屏幕的距离变化很能说明问题。他们的瞳孔放大了吗？

- 在所有其他数据点中，大脑中的所有神经信号同时发生了什么？脑电图有助于把整个故事联系起来。

从本质上说，科学解开了大脑行进之路的神秘面纱，而不仅仅是知道目的地。而且，一旦我们看到了足够多的旅程，我们就可以更准确地预测其他人何时也在同一旅程中（以及他们要去的目的地）。

我们可以用高达84%的准确率来预测，某人是否会购买——只需要观察这些数据点，而不必问他们问题。

测试"聪明的商业"网站

为了本书做新书推广而重新设计网站，这是一个直接与iMotions合作的绝佳机会，我在其中代表客户一方。我们查看了原来的网站，看看哪些东西在起作用，有哪些地方可以改进，并用一个完整的新网站对其进行了测试。许多概念，包括框架、启动、互惠和社会证明，都包含在初始测试中。

我们发现，作为行动号召的"让我们聊聊"按钮不像"开始启动你自己的项目"按钮那么有效。这一发现引发了更多问题：出现这种情况，是因为按钮接近一个引人注目的图像，还是因为文字本身？后续的测试说明了一切，当你阅读这本书的时候，我们已经推出了新的网站，你可以去亲身查看一下！

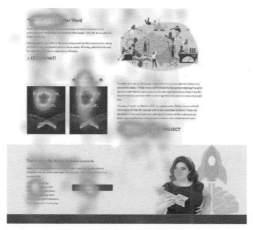

iMotions的眼球跟踪软件可以显示人们在看的内容以及问题出在哪里。

要了解更多关于测试以及它是如何影响"聪明的商业网站"体验的信息，请访问如下网站：the brainybusiness. com/ApplyIt。

烘焙时刻到了

回想一下本部分开头的烘焙类比。现在你已经了解了配料（概念）以及它们的作用，就像糖、黄油、面粉和鸡蛋一样。

你还需要遵循一个配方（第 3 部分中的步骤）。别忘了下载免费工作簿，里面有更多细节和提示，可供反复阅读。请在thebrainybusiness. com/ApplyIt 获取信息。

你练习并开始完善整个过程，当你将获得信心，混合一些不同的香料，并创建自己的食谱。有时可能会有一些奇怪的反应，但这并不意味着你应该放弃。

你对制作各种各样的生日蛋糕都得心应手，当婚礼来临，你将表现出专业素养。

你几乎已经做好了在企业中应用行为经济学的准备。（太棒了!）这本书的最后一部分介绍了一些常见的大脑技巧以防止你困于现状。不要跳过最后一部分；它将使你走上最终成功的道路！

应用测试原理

课程内容：直到最终测试时刻，你才真正了解项目。为关键项目引入专业合作伙伴，如果自己进行测试，请记住开展小型测试，深思熟虑，并经常测试。

自我尝试：本章包含很多步骤来执行测试，所以我不会在这里重复这些步骤。相反，开始测试之前，有三件事需要考虑：

你第一次测试的目标是什么？

你是自己做测试？还是引入一位研究伙伴？

你会在社交媒体上与梅琳达分享计划/结果吗？我希望如此！

（在社交媒体上@ thebrainybiz 即可）

概念：框架（第5章）、启动（第6章）、社会证明（第12章）、选择悖论（第14章）、互惠（第20章）、现状偏好、预期。

要了解更多的行为经济学，请访问 thebrainybusiness. com/ podcast 查看"聪明的商业"播客。

WHAT YOUR
CUSTOMER
WANTS
AND CAN'T TELL YOU

第 4 部分

跨越障碍

第 29 章　是什么在阻碍你

WHAT YOUR CUSTOMER WANTS AND CAN'T TELL YOU

你是否有过这样的体验：参加一个会议，观看一场精彩的网络研讨会，或者读一本书，然后会想，"下周一进办公室时，我就要努力去实现这一点！"然后，例行公事悄悄发生在你身上，在你意识到之前，所有之前伟大的想法都束之高阁，积满了灰尘？

我不想让你再这样了。

解锁本书，按照书中的知识行动起来吧。当你理解了潜意识如何让你陷入困境时，在潜意识自己的游戏中去击败它就容易多了——这就是最后一部分的内容。

为什么这会发生在我们所有人身上？一个重要原因是，大脑对现状存在偏好，你在本书第 1 部分已经了解到了这一点。想想看：潜意识正在用经验法则做大部分工作。你的现状是建立在大脑对下一步工作的预测能力之上的。当它无法预测时，意味着有意识的大脑需要做更多工作，而潜意识并不喜欢这样。

它用很多小技巧为你设置障碍，让你以一贯的方式做事情，这样会让它感觉到安全。

但你已经知道，在生活和商业中应用行为经济学是很重要的。

- 它将帮助你努力取得更大的成功。
- 它可以促使人们给你回复电子邮件或点击你的广告。
- 它可以提高忠诚度，帮助客户在与你的互动中更加快乐。

你的大脑中隐藏着它的偏差，当黑暗和未知来临时，一切都会感觉更可怕。所以，让我们拿个手电筒，给这些心理障碍怪物点颜色看看。

时间折扣

你是否在周六晚上决定"周一"全力以赴开始节食和锻炼？也许整个周日你都在计划，那天晚上设置闹钟时，你还很激动，但闹钟响起的时候，你觉得自己是一个完全不同的人（而且没有动力）？

这就是时间折扣在发挥作用（或者我喜欢称之为"我将从周一开始实施"）。

研究表明，大脑将我们未来的自己（承诺将在五点钟起床跑步的人）视为一个完全不同的人。承诺"未来的你"很容易，因为当"现实的你"面对严峻的现实警报时，把问题丢给"未来的你"会很容易。

如果你想克服时间折扣，开始在企业中应用行为经济学，最好的建议是找到你现在可以做的事情。从今天开始，提出一个深入思考过的问题，或者用另一只手刷牙（研究表明，这可以让你一整天都更有创造力）。当你想把事情推迟到明天时，问问推迟原因是什么。

然后接着说："我现在能做点什么，来向我的大脑证明这很重要？"（然后去做吧。）

你可以从"聪明的商业"播客第 51 集了解更多关于时间折扣的信息。

乐观主义偏差与计划谬误

你是否曾经说过（或想过）以下任何一点？

- "我知道今天的待办事项清单上只有两件事要做了，但明天我会多做十二件，因为我能把它们都解决掉！"
- "距离会议开始还有两分钟？我可以很快地把这些电子邮件搞定……"
- "完成这个项目通常需要五个小时，但我敢打赌这次我能在三个小时内完成，因为……"

这些言论（我本人也是一个巨大受害者）是由计划谬误和其他形式的乐观主义偏差造成的。大脑自认为明天会比今天更好：更快速、更具创造性、更高效。

我们会倾向于忽略那些阻碍我们前进的外部必然性（电话、电子邮件紧急情况、计划外会议、午餐休息），但这些小事情会累加起来。不把它们考虑到计划内，就会导致计划推迟、超出预算、充满压力。

因为大脑感觉自己是超人，它喜欢欺骗你，让你认为计划完成更少的工作是失败的。你能想象，明天你的"必做清单"上只有一件事吗？

是的，一件事。

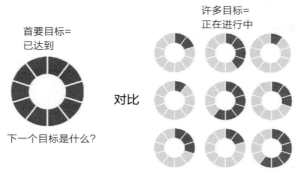

一次完成一件大事比一次完成十件事要好得多。

如此纯粹的念头会让你感到不舒服吗？为什么？

为什么我们会认为，有十件我们知道永远完不成的事（当未完成时，我们会感觉很糟糕），与我们计划做一件事，实际完成两件时的满足感相比，前者给人的感觉更好？

在这一点上，改变你的大脑并将趋势变积极的方法是，用一个新的锚点进行重新构建。当你的待办事项清单上有十项，但只完成了三项时，你不可避免地会觉得自己是个失败者。第二天仍难免失败，因为你有今天的七项任务加上明天的所有项目。这让人难以入睡，因为压力和焦虑让你的大脑一直在颤抖。

相反，如果你只有一件明天绝对必须做的事情——除非你完成这件事，否则你无法"打卡下班"或安稳入睡——你很难忽视这件事。而且，当你完成这个任务，还有足够的剩余时间去完成额外两件事？你会感觉棒极了！

你简直是个超级英雄！你的睡眠更安稳，醒来精神焕发，准备迎接明天的一件事。

你怎么知道哪个"一件事"是重要的，以及如何确定优先顺序呢？首先，你要把目标缩小到只有三个（是的，在生活和事业中一共是三个）。我帮助很多客户进行这种思维方式的改进工作，在 the brainybusiness. com/MYM 上有一个名为"掌握你的思维方式"的免费迷你课程，它将引导你完成整个过程。里面包含了我的视频和工作表，能帮助你缩小目标范围，开始一小步一小步地完成任何事情。

在"聪明的商业"播客第 34 集和第 114 集，了解更多关于乐观主义偏差和计划谬误的信息。

自行车棚效应

- 是的，我知道自己需要一个新网站，但写不出原型，于是我浏览了 85000 个模板。
- 如果想要增加社交媒体关注者，我需要在开始之前调查所有有影响力的人。
- 我打算在企业中应用行为经济学，但我应该先多读十本书。

这些本能——持续有效地因一些看似重要实际却不重要的事情拖延——就是所谓的自行车棚效应。这个词的名字来源于一个小组，该小组负责设计一座核电站，但却花了大量时间关心如何设计自行车棚。如果设计错了，这个琐碎细节的后果也不那么严重，所以关注这一点会让人感觉更安全。

从旁观者的角度看，这显然是荒谬的。但正如这些要点所表明的，我们一直在不断地这样做。你的大脑此刻正在告诉你，这些事情是至关重要的——在达到你真正的目标之前，你必须做这些事？这很可能会分散你的注意力。

在尼尔·埃亚尔的畅销书《专注力管理》中，他分享了一个很棒的见解，改变了我的生活（我相信也改变了其他无数人的生活）。分心的反面是牵引力。除非你知道什么事情会让你分心，否则你无法判断它是否是一个"分心物"。

社交媒体是我的业务成功的重要因素。我需要把一定的时间花在社交媒体上，但当我需要做其他事情（比如写播客内容、杂志文章或这本书）时，它会分散我的注意力。

即使你缩小了目标，并且找到了为达到这个目标你今天必须完成的一件事，你的大脑仍然会把更安全、看似重要（和紧急）的任务放在你的前方，让你陷入困境。

你应该马上去做吗？来对照一下紧急/重要表

紧急 但不重要 也许不值得去做	紧急 且重要 先做此事
既不紧急 也不重要 不要做这些事	不紧急 但重要 把它列进计划里

使用"紧急"与"重要"表格来帮助你确定某项任务
是否列入你的"自行车棚"范围。

如果你今天确定的那件事还没有完成，那么你一天中做的其他事情很可能就是自行车棚效应在发挥作用。当你的大脑想这样做时（通常是出于习惯），问问自己："我真的想并且需要现在就这样做吗？还是我只是在设计自行车棚？"

你可以看到，这些大脑技巧是如何结合在一起让你陷入困境的。此时，时间折扣和乐观偏差会告诉你，明天（或一小时后）你会做得更好。别上当！

现在就动手做吧，迈出一小步，设置一个计时器来强制执行。如果我的潜意识要求我在应该写作的时候去买点零食、滚动查阅 Instagram 或查看电子邮件，我会将计时器设置为 15 分钟。我需要先写 15 分钟，如果在那之后我还想做那件事，我可以去做（由于设置了计时器，这种情形不会持续到一天中的剩余时间）。

在"聪明的商业"播客第 99 集了解更多关于"自行车棚"效应的信息。

你会惊奇地发现，如果你了解了这些大脑的小花招，并且能够避免它们，你就可以完成更多的事情。这需要练习（你正在教你的意识大脑去改写你潜意识中所爱的规则），但很快它们就会成为一种习惯，变得容易得多，我保证！

第30章　我面向的对象是谁

大脑让我们陷入困境的另一种方式是，利用我们自己的不安全感来对付我们。假设你正在考虑开播自己的播客。你的自行车棚效应倾向会冒出来，对你的大脑说：

- "谁会听你的？"（冒名顶替综合征）
- "除非你的想法/封面艺术/网站与某某一样好，否则你难以启动"（完美主义）
- "如果没有人听，他们嘲笑我怎么办？"（害怕失败）
- "如果获取了一个巨大的成功，那我会没有时间做我的工作，需要雇人——我负担不起！"（对成功的恐惧）

想一想，如何克服大脑的这些障碍，我想让你们想象一下花园里有一棵巨大的野草。它可能已经在花园里长了几个星期，不断地生长，甚至在你看不见的时候也从旁边的植物那里偷取营养。

如果你没有受过植物解剖学的教育，你该如何去除它？

- 把花朵从顶部剪下来？
- 把叶子扯掉？
- 用割草机把它碾碎？

虽然这些方法可能暂时有效（或者至少从远处看效果不错），但在你找到合适的工具并清除杂草的根部之前，它又会不断地长出来。

思维模式也是如此。

直到现在，你还没有合适的工具，也不了解"杂草"的构成——你最大的思维障碍。你注意到它，它困扰着你，也许你戳了戳它，或者扯了扯它隐喻性的叶子，但你从未真正找到它的根源。而且，你肯定没有正确的工具来准确地移除整个系统。你可以靠近它，在土里挖来挖去，但那似乎会引发更多问题，所以你忘了整件事。

而且，一旦你拔出最大的杂草，似乎会冒出三棵较小的杂草。还有另外一件事……你对院子里杂草的维护越主动，就越容易拔掉那些不可避免会生长的小杂草。

大脑中的精神障碍也是如此。它们总是会弹出——你永远不可能完全摆脱它们（对不起，我也希望不是这样）。但是，通过提出好的问题和教会你的大脑新的习惯，去克服那些突然出现的倾向，并锻炼这种意识和勤奋练习，能帮助你取得进步并实现目标。

其实你已经知道了

大脑会得到它所期望的东西。如果你试图以怀疑和开放的心态来应用本书中的知识，你大脑的确认偏差（第102集）和聚焦错觉（第89集）将结合起来，看到那些被证明是正确的东西。

还记得你的潜意识每秒会处理 1100 万比特的信息，而有意识大脑每秒只能处理 40 比特吗？这意味着，对于你的潜意识所放行的每 1 件事，都有 275000 件其他事情被认为不够重要。其中是否会有 1 件（或 1000 件）是该方法有效的证据？

当你对某事不同的可能性持开放态度时——如果你正在寻找这种方法生效的迹象——那么，你会注意到被证明是正确的事（而忽略其他对你不利的事情）。

选择相信思维技巧的力量，在一开始需要做一些有意识的工作，但很快就会成为一种习惯，能帮助你成功地应用行为经济学和其他方法。

成为一个充满好奇心的提问者

在接下来的 30 天里，寻找你在本书中学到的概念。当看到一则广告时，停下来思考一下。

- 他们在试图推动你做什么？
- 信息将如何随不同的框架而变化？
- 如何将互惠加入其中，以获得不同的结果？
- 如果他们没有提供社会证明，你会在哪里添加？
- 他们是否会从打破习惯或与现有习惯一起工作中获益？
- 如果下一步任务不明确，你将如何改进？
- 可以在哪里包含故事元素？
- 图片是否在以正确的方式引导你？

在其他工作中进行好奇心实践，这将训练你的大脑对其他领域产生好奇心。问问题是件好事。这还涉及可能会对你的新方法提出质疑的人。问问自己，为什么他们会产生这种感觉——你能从他们身上学到什么？

捡起石头，从不同的角度去观察，这些都是有帮助的。在观察中把想法结合起来，看看会是什么样。很快，你就会自然而然地处理好你所有的项目、工作流程和潜在的机会。

祝贺你，我的朋友！你的大脑现在已经解锁，你知道你的客户想要什么（即使他们不能告诉你）。你可以去实践了。你已经拥有了在生活和商业中应用行为经济学、改变世界所需要的工具。

哦，记住，要深思熟虑。

——梅琳娜

后　记

我真心希望你喜欢本书中所有的见解、技巧和故事。而且，既然你现在已经知道了索取、慷慨捐赠和社会证明的价值……我有几个请求：

- 你是否会在亚马逊、GoodReads、谷歌或你使用的任何其他平台上对本书进行评分和评论呢？
- 如果你想到某人可能会喜欢这本书，你会推荐给他们吗？
- 如果你在阅读时产生共鸣——也许你可以像我一样做出标记——你会在社交媒体上加以分享并标记给我，@thebrainybiz#WhatYourCustomerWants，以便于我与你联系吗？

我最喜欢的事情之一，就是与"聪明的商业"播客的听众和阅读了本书并成功实践了所学知识的书迷朋友一起庆祝。你是否有问题呢？来问我！我喜欢谈论行为经济学，迫不及待地想和你进行一次愉快的交谈。

如果你想了解更多关于行为经济学的内容，请访问 the brainybusiness. com，那里有很多课程和精彩内容可供你继续学习（包括本书附带的免费 PDF 工作簿，请访问 thebrainybusiness. com/ ApplyIt），也可以了解更多关于如何与我们合作的信息。你也可以订阅"聪明的商业"播客，每周五都有更新。而且，如果你已经为应用这些知识做好了准备（但不想成为一个专业研究员），得克萨斯农工大学人类行为实验室的应用行为经济学证书一定非常适合你。我很荣幸能教授其中的几门课程，并愿意与你合作。

当然，如果你正在寻找一位顾问或演说家来开发大脑，实现商业上更大的成功，请发电子邮件给我：melina@ thebrainybusiness. com.

我迫不及待地想和你联系，再次感谢你。

请记得深思熟虑。

梅琳娜

致　谢

　　如果没有这么多人和组织的支持和帮助，本书将无法问世。感谢你们为这一目标所做出的一切努力。

　　首先也是最重要的，是要感谢我的丈夫 Aaron。感谢你的耐心，感谢你的支持——感谢你花数小时阅读，给予反馈意见，查找引文来源，你是我的坚强后盾。没有你，就没有本书。当然，也要感谢家人的耐心和理解。

　　感谢 Marco Palma 博士、Jeff Pool 和得克萨斯农工大学人类行为实验室团队的其他成员，感谢你们对我的信任，感谢你们对我本人和"聪明的商业"的长期支持（包括技术评论和引用支持！）。你们给予我的帮助远远超出我所能表达的感谢之意。

　　Roger Dooley，谢谢你的好意和支持，也谢谢你为本书写的序——我很荣幸你同意以这种方式支持我。

　　感谢 Scott Miller——感谢你很早就发现我的潜质，并把我推向了正确的方向。感谢你的建议、支持，并联系 Mango 精英团队（当然也感谢 Mango 团队！）。我永远不会忘记你的善意。

　　同样感谢塑造了"聪明的商业"播客和本书的每个人，你们接受了采访，提供了故事，花费了时间，给予了支持、分享和倾听，等等，在此对你们表示感谢。无法列出所有名字，但我想再次感谢本书所引用过的代表们。按字母顺序，谢谢：Aline

Holzwarth、April Vellacott、Bec Weeks、Benny Cheung（以及 Dectech 团队的其他成员）、Binit Kumar、Brain Ahearn、Cristina Mclamb、Dan Ariely、Elad Erdan、Elizabeth Immer、iMotions（整个团队）、Gleb Tsipursky、Jennifer Clinehens、Jennifer Findlay、Jez Groom、Katy Milkman、Kwame Christian、Louise Ward、Mariel Court、Matt Wallert、Michael Manniche、Michael Mazur、Nikki Rausch、Nir Eyal、Patrick Fagan、Richard Chataway、Samuel Salzer、Steve Alperin、Steve Wendel、Tim Houlihan 和 Wendy Wood。

最后，同样重要的，感谢所有听众、订阅者、分享者和"聪明的商业"播客的支持者。没有你们，就没有本书的问世。非常感谢。

参考文献

1 Kaku, M. (2014, August 20). The golden age of neuroscience has arrived. *Wall Street Journal*. Retrieved from: www. wsj. com/articles/michio-kaku-the-golden-age-of-neuroscience-has-arrived-1408577023.

2 Kahneman, D. (2011). *Thinking, fast and slow*. Farrar, Straus and Giroux.

3 Pradeep, A. K. (2010). *The buying brain: Secrets for selling to the subconscious mind*. John Wiley & Sons.

4 Pradeep, A. K. (2010). *The buying brain: Secrets for selling to the subconscious mind*. John Wiley & Sons.

5 Ash, T. (2021). Unleash your primal brain: Demystifying how we think and why we act. Morgan James Publishing.

6 There is an ever-growing number of studies within the fields of behavioral economics and behavioral science from around the world, which I expect to grow faster in the coming years. I highly recommend *behavioraleconomics. com* as a starting resource for anyone looking for more academic research from the field.

7 Steidl, P. (2014). *Neurobranding* (2nd ed.) CreateSpace. Page 15.

8 K ahneman, D. , Slovic, P. , & Tversky, A. (Eds.) (1982). *Judgement under uncertainty: Heuristics and biases*. Cambridge University Press.

9 Biddle, G. (2018, April 2017). How Netflix's customer obsession created a customer obsession. *Medium*.

10 Nisbett, R. , & Wilson, T. D. (1977). The Halo Effect: Evidence for unconscious alteration of judgments. *Journal of Personality and Social Psychology*, 35, 250 – 256.

11 Bourtchouladze, R. (2002). *Memories are made of this: How memory works in humans and animals*. Columbia University Press.

12 Palmer, M. (Host). (2019, May 17). An overview of memory biases. (No. 48) [Audio podcast episode]. In *The Brainy Business*.

13 G ardner, R. W. & Lohrenz, L. J. (1960). Leveling-Sharpening and Serial Reproduction of a Story. *Bulletin of the Menninger Clinic*, 24(6), 295.

14 Arkowitz, H. , & Lilienfeld, S. O. (2010, January 1). Why Science Tells Us Not to Rely on Eyewitness Accounts. *Scientific American*. www. scientificamerican. com/article/do-the-eyes-have-it Note: the language of the story getting lost in the mall is one I wrote for the example within the book, and is not the exact language used by the researchers in the study.

15 Begg, I. M. , Anas, A. , & Farinacci, S. (1992). Dissociation of processes in belief:

Source recollection, statement familiarity, and the illusion of truth. *Journal of Experimental Psychology: General*, 121(4), 446 – 458.

16 Nickerson, R. S. (1998). Confirmation bias: A ubiquitous phenomenon in many guises. *Review of General Psychology*, 2(2), 175 – 220.

17 Haidt, J. (2006). *The happiness hypothesis: Finding modern truth in ancient wisdom.* Basic Books.

18 Bergland, C. (2019). The neurochemicals of happiness. *Psychology Today.*; Palmer, M. (Host). (2020, October 23). Get your D. O. S. E. of brain chemicals. (No. 123) [Audio podcast episode]. In *The Brainy Business.*

19 Zaltman, G. (2003). *How customers think: Essential insights into the mind of the market.* Harvard Business School Press.

20 FORA. tv. (2011, March 2). *Dopamine jackpot! Sapolsky on the science of pleasure* [Video]. YouTube. www. youtube. com/watch? v = axrywDP9Ii0; Weinschenk, S. (2015, October 22). Shopping, dopamine, and anticipation. *Psychology Today.*

21 Ramachandran, V. (2009, November). *The neurons that shaped civilization* [Video]. TED Conferences. www. ted. com/talks/vilayanur_ramachandran_the_neurons_that_shaped_civilization; Palmer, M. (Host). (2019, January 18). Mirror neurons: A fascinating discovery from a monkey, a hot day, and an ice cream cone. (No. 31) [Audio podcast episode]. In *The Brainy Business.*

22 di Pellegrino, G., Fadiga, L., Fogassi, L., Gallese V. & Rizzolatti, G. (1992). Understanding motor events: a neurophysiological study. Experimental Brain Research, 91, 176 – 180.; Gallese, V., Fadiga, L., Fogassi, L., & Rizzolatti, G. (1996). Action recognition in the premotor cortex, *Brain*, 119(2), 593 – 609.

23 IacoboniM, Molnar-Szakacs I, Gallese V, Buccino G, Mazziotta JC, & Rizzolatti G. (2005) Grasping the Intentions of Others with One's Own Mirror Neuron System. *PLoS Biology*, 3(3): e79.

24 Goel, V. (2014, June 29). Facebook tinkers with users' emotions in news feed experiment, stirring outcry. *The New York Times.*

25 Sharot, T. (2012, February). *The optimism bias* [Video]. TED Conferences. www. ted. com/talks/tali_sharot_the_optimism_bias; Palmer, M. (Host). (2019, February 8). Optimism bias: The good and the bad of those rose-colored glasses. (No. 34) [Audio podcast episode]. In *The Brainy Business.*

26 Palmer, M. (Host). (2019, April 26). Overview of personal biases. (No. 45) [Audio podcast episode]. In *The Brainy Business.* Palmer, M. (Host). (2019, May 3). Biases toward others—including groups. (No. 46) [Audio podcast episode]. In *The Brainy Business.*

27 Samuelson, W., & Zeckhauser, R. J. (1988). Status quo bias in decision making. *Journal of Risk and Uncertainty*, 1, 7 – 59.

28 Meakin, L. (2019, December 29). Top jobs for next decade are behavioral scientist, data analyst. *Bloomberg.*

29 Sutherland, R. (2019). *Alchemy: The dark art and curious science of creating magic in brands, business, and life.* HarperCollins.

30 Learn more about the Right Question Institute and questionstorming at rightquestion. org.

31 Berger, W. (2016). *A more beautiful question: The power of inquiry to spark break-through ideas.* Bloomsbury USA.

32 Lang, N. (2013, September 2). 31 famous quotations you've been getting wrong. *Thought Catalog.*

33 Kahneman, D. (2011). *Thinking, fast and slow.* Farrar, Straus and Giroux.

34 Staff. (2007, August 10). 'Cozy' or tiny? How to decode real estate ads. *Today.* www. today. com/news/cozy-or-tiny-how-decode-real-estate-ads-wbna20215090.

35 Lawson, M. (2018, September 24). #1003: How CoastHills Credit Union achieved modern marketing success with an old idea…CUBroadcast.

36 Terao, Y. , Fukuda, H. , & Hikosaka, O. (2017). What do eye movements tell us about patients with neurological disorders? —An introduction to saccade recording in the clinical setting. *Proceedings of the Japan Academy. Series B, Physical and Biological Sciences,* 93 (10), 772 – 801.

37 Goldstein, D. G. (2007, March). Getting attention for unrecognized brands. *Harvard Business Review.* Janiszewski, C. (1993). Preattentive mere exposure effects. *Journal of Consumer Research,* 20(3), 376 – 392.

38 Pradeep, A. K. (2010). *The buying brain: Secrets for selling to the subconscious mind.* John Wiley & Sons.

39 Burmester, A. (2015, November 5). How do our brains reconstruct the visual world? *The Conversation.* theconversation. com/how-do-our-brains-reconstruct-the-visual-world-49276.

40 Kay, A. , Wheeler, S. , Bargh, J. , & Ross, L. (2004). Material priming: The influence of mundane physical objects on situational construal and competitive behavioral choice. *Organizational Behavior and Human Decision Processes,* 95, 83 – 96. This study has not been replicated by others. However, I have chosen to still include the study to show how the literal association within the brain works, and get you thinking about how this can impact your business via image and word choice.

41 Fitzsimons, G. M. , Chartrand, T. L. , & Fitzsimons, G. J. (2008). Automatic effects of brand exposure on motivated behavior: How Apple makes you "think different." *Journal of Consumer Research,* 35(1), 21 – 35.

42 Eveleth, R. (2013, December). How do we smell? [Video]. TED Conferences. www. ted. com/talks/rose_ eveleth_how_do_we_smell.

43 Aqrabawi, A. J. , & Kim, J. C. (2018). Hippocampal projections to the anterior olfactory nucleus differentially convey spatiotemporal information during episodic odour memory. *Nature Communications,* 9, 2735.

44 ScentAir is not the only scent branding company around. I chose to include them because of the assortment of stats and research on their page which, at the time of publication, in-

cluded the stats listed in this section. See more on their website, scentair. com/how-it-works.

45 Holland, R. W. , Hendriks, M. , & Aarts, H. (2005). Smells like clean spirit: Nonconscious effects of scent on cognition and behavior. *Psychological Science*, 16(9), 689 – 693.

46 Pradeep, A. K. (2010). *The buying brain: Secrets for selling to the subconscious mind.* John Wiley & Sons.

47 Hirsch, A. (1995). Effects of ambient odors on slot-machine usage in a Las Vegas casino. *Psychology and Marketing*, 12(7), 585 – 594.

48 Hirsch, A. R. (1990). "Preliminary Results of Olfaction Nike Study," note dated November 16 distributed by the Smell and Taste Treatment and Research Foundation, Ltd. Chicago, IL. Bone, P. F. , & Jantrania, S. (1992). Olfaction as a cue for product quality. *Marketing Letters*, 3, 289 – 296.

49 Staff. (2011, August 16). The smell of commerce: How companies use scents to sell their products. *The Independent.*

50 Hagan, P. (2012, October 31). How the aroma of freshly baked bread makes us kinder to strangers. *The Daily Mail.*

51 Moss, M. , & Oliver, L. (2012). Plasma 1,8-cineole correlates with cognitive performance following exposure to rosemary essential oil aroma. *Therapeutic Advances in Psychopharmacology*, 103 – 113.

52 Staff. (2009, February 16). ScentAir launches the sweet smell of success. *Retail Technology Review.*

53 Redd, W. H. , Manne, S. L. , Peters, B. , Jacobsen, P. B. , & Schmidt, H. (1994). Fragrance administration to reduce anxiety during MR imaging. *Journal of Magnetic Resonance Imaging*, 4(4), 623 – 626.

54 K otler, P. (1974). Atmospherics as a Marketing Tool. *Journal of Retailing.* 49(4), 48 – 64.

55 Vida, I. , Obadia, C. , & Kunz, M. (2007). The effects of background music on consumer responses in a high-end supermarket. *International Review of Retail Distribution and Consumer Research*, (5), 469 – 482.

56 Vida, I. , Obadia, C. , & Kunz, M. (2007). The effects of background music on consumer responses in a high-end supermarket. *International Review of Retail Distribution and Consumer Research*, (5), 469 – 482.

57 Vida, I. , Obadia, C. , & Kunz, M. (2007). The effects of background music on consumer responses in a high-end supermarket. *International Review of Retail Distribution and Consumer Research*, (5), 469 – 482.

58 North, A. , Hargreaves, D. , & McKendrick, J. , (1997), In-store music affects product choice. *Nature*, 390, 132.

59 eBay Press Release. (2014, October 27). Radio, chatter and football—the sounds that help us shop. www. ebayinc. com/stories/press-room/uk/radio-chatter-and-football-the-sounds-that-help-us-shop.

60 Peck, J. & Shu, S. B. (2009). The effect of mere touch on perceived ownership. *Journal of Consumer Research*, 36(3), 434 – 434.

61 K eysers, C., Wicker, B., Gazzola, V., Anton, J., Fogassi, L., & Gallese, V. (2004). A touching sight: SII/PV activation during the observation and experience of touch. *Neuron*, 42(2), 335 – 346.

62 Williams, L. E. & Bargh, J. A. (2008). Experiencing physical warmth promotes interpersonal warmth. *Science*, 322(5901), 606 – 607. This study has not been replicated by others. However, I have chosen to still include the study to show how the literal association within the brain works, and get you thinking about how this can impact your business via image and word choice.

63 Steidl, P. (2014). *Neurobranding* (2nd ed.) CreateSpace.

64 Bargh, J. A., Chen, M., & Burrows, L. (1996). Automaticity of social behavior: Direct effects of trait construct and stereotype activation on action, *Journal of Personality and Social Psychology* 71(2), 230 – 244. This study has not been replicated by others. However, I have chosen to still include the study to show how the literal association within the brain works, and get you thinking about how this can impact your business via image and word choice.

65 Steele, J. R. & Ambady, N. (2006). "Math is hard!" The effect of gender priming on women's attitudes. *Journal of Experimental Social Psychology* 42(4), 428 – 436.

66 Zhong, C. & Liljenquist, K., (2006), Washing away your sins: threatened morality and physical cleansing, *Science*, 313 (5792), 1451 – 1452.

67 Tversky, A., & Kahneman, D. (1974). Judgment under uncertainty: Heuristics and biases. *Science (New Series)*, 185, 1124 – 1131.

68 Ariely, D. (2010). *Predictably irrational: The hidden forces that shape our decisions*. HarperCollins.

69 Wansink, B., Kent, R., & Hoch, S. (1998). An Anchoring and Adjustment Model of Purchase Quantity Decisions. *Journal of Marketing Research*, 35(1), 71 – 81.

70 Palmer, M. (2019, March 14). 1 word that increased sales by 38 percent. *CUInsight*.

71 Ahearn, B., (2019), Influence people: Powerful everyday opportunities to persuade that are lasting and ethical, Influence People, LLC. Palmer, M. (Host). (2020, June 12). How to ethically influence people: Interview with author Brian Ahearn. (No. 104) [Audio podcast episode]. In *The Brainy Business*.

72 Ariely, D. (2010). *Predictably irrational: The hidden forces that shape our decisions*. HarperCollins.

73 Simonson, I. (1993). Get closer to your customers by understanding how they make choices. *California Management Review*, 35(4) pp. 68 – 84.

74 Bleich, S. N., Barry, C. L., Gary-Webb, T. L., & Herring, B. J. (2014). Reducing sugar-sweetened beverage consumption by providing caloric information: How Black adolescents alter their purchases and whether the effects persist. *American Journal of Public*

Health,104,2417 – 2424.

75 Miller,A. M. (2019,May 28). A graphic comparing a bottle of soda to 6 donuts is going viral and it's making people want to eat more pastries. *Insider.*

76 Kahneman,D. & Tversky,A. (1979). Prospect theory：An analysis of decision under risk. *Econometrica*,47,263 – 291.

77 When sharing this example (of putting \$ 50 in someone's account and "removing" it if they don't perform the actions),I have sometimes gotten questions or concerns about deceptive practices and causing people to overdraw their accounts. This money would only be in the Current Balance (not Available Balance),so no one would be able to spend the money and incur fees or anything. Seeing it in the Current Balance triggers the brain to want to move it into the Available Balance. If you are unfamiliar with what I am talking about,log into your online banking and look for these terms. When something is on hold—say you make a large deposit or use your card at a hotel—the Current and Available Balances will be different. You can only spend what is in your Available Balance.

78 The sales team incentives example from Binit Kumar was provided to me directly via email.

79 Biswas,D. & Grau,S. L. (2008). Consumer choices under product option framing：Loss aversion principles or sensitivity to price differentials? *Psychology & Marketing*,25(5), 399 – 415.

80 Information from the app interrupts program was provided to me directly from Aline Holzwarth via personal interview and email of materials. The following article is provided for additional information. Holzwarth,A. (2018,September 19). How commitment devices can help people stick to their health goals. *Pattern Health.*

81 Tsai,Y. -F. L. & Kaufman,D. M. (2009). The socioemotional effects of a computer-simulated animal on children's empathy and humane attitudes. *Journal of Educational Computing Research*,41(1),103 – 122.

82 Information on how Pattern Health has used "Virgil the Turtle" as well as images (and permission to use them within this book) were provided to me by Aline Holzwarth,via personal interview and email exchange.

83 Wright,C. (2020,June 20). Craigslist,back rooms & money launderers：Two months hunting for the world's most wanted bourbon. *Gear Patrol.* www. gearpatrol. com/food/ drinks/a638762/how-to-buy-pappyvan-winkle-bourbon.

84 Lee,S. Y. & Seidle,R. (2012). Narcissists as consumers：The effects of perceived scarcity on processing of product information. *Social Behavior and Personality*,40(9),1485 – 1499.

85 Mullainathan,S. & Shafir,E. (2013). *Scarcity：Why having too little means so much.* Time Books.

86 Akçy,Y. ,Boyacı,T. & Zhang,D. (2013). Selling with money-back guarantees：The impact on prices, quantities, and retail profitability. *Production and Operations Management*,22(4),777 – 791.

87 Starbucks has stopped using their accounts like @ therealPSL and @ Frappuccino. They

now only use their main account for all postings.

88 A. P. Kirman. (1993). Ants, rationality and recruitment. *Quarterly Journal of Economics*, 108(1), 137 – 156.

89 Price, M. E. (2013, June 25). Human herding: How people are like guppies. *Psychology Today*.

90 Palmer, M. (Host). (2019, January 11). Booms, Bubbles, and Busts. (No. 30) [Audio podcast episode]. In *The Brainy Business*.

91 Asch, S. (1955). Opinions and social pressure. *Scientific American*, 193(5), 31 – 35.

92 Goldstein, N. J., Martin, S. J., & Cialdini, R. B. (2010). *Yes! 50 scientifically proven ways to be persuasive*. Robert B. Cialdini. New York: Free Press.

93 Influenceatwork. (2012, November 26). *Science of Persuasion* [Video]. YouTube. www. youtube. com/watch?v = cFdCzN7RYbw.

94 Sunstein, C. R. (2013). *Simpler: The future of government*. Simon & Schuster. Thaler, R. H. & Sunstein, C. R. (2008). *Nudge: Improving decisions about health, wealth, and happiness*. Penguin Books.

95 Young, L. (2016, September 13). Watch these awkward elevator rides from an old episode of candid camera. *Atlas Obscura*.

96 Cialdini, R. B. (2007). *Influence: The psychology of persuasion* (*Revised*). HarperCollins.

97 Bekk, M. & Sporrle, M. (2010). The influence of perceived personality characteristics on positive attitude toward and suitability of a celebrity as a marketing campaign endorser. *The Open Psychology Journal*, 3(1), 54 – 66.

98 To learn more about Niche Skincare, visit nicheskincare. com or see the social proof on their Instagram, @ nicheskincare.

99 Behavioural Economics Team of the Australian Government (BETA). (2017, October 16). Nudge vs superbugs: A behavioural economics trial to reduce the overprescribing of antibiotics. Retrieved from: behaviouraleconomics. pmc. gov. au/sites/default/files/projects/report-nudge-vs-superbugs. pdf.

100 Thaler, R. H. & Sunstein, C. R. (2008). *Nudge: Improving decisions about health, wealth, and happiness*. Penguin Books.

101 Thaler, R., & Benartzi, S. (2004). Save more tomorrow™: Using behavioral economics to increase employee saving. *Journal of Political Economy*, 112(S1), S164-S187.

102 Thaler, R. H. & Sunstein, C. R. (2008). *Nudge: Improving decisions about health, wealth, and happiness*. Penguin Books.

103 Thaler, R. H., Sunstein, C. R., & Balz, J. P. (2012) Choice Architecture. The Behavioral Foundations of Public Policy, Ch. 25, Eldar Shafir, ed. (2012). Available at SSRN: ssrn. com/abstract = 2536504 or dx. doi. org/10. 2139/ssrn. 2536504.

104 Staff. (2009, October 22). 52 percent opted to donate to state parks in September. Washington Policy Center.

105 Thaler, R. H. & Sunstein, C. R. (2008). *Nudge*: *Improving decisions about health*, *wealth*, *and happiness*. Penguin Books.

106 Thaler, R. (2010, January 11). Measuring the LSD effect: 36 percent improvement. *Nudge Blog*.

107 Thaler, R. (2008, August 6). A car pedal for the lead foot in your family. *Nudge Blog*.

108 Thaler, R. H. , Sunstein, C. R. , & Balz, J. P. (2012) Choice Architecture. The Behavioral Foundations of Public Policy, Ch. 25, Eldar Shafir, ed. (2012). Available at SSRN: ssrn. com/abstract = 2536504 or dx. doi. org/10. 2139/ssrn. 2536504.

109 Blog. (2018, February 7). How many daily decisions do we make? *Science*.

110 Shiv, B. , & Fedorikhin, A. (1999). Heart and Mind in Conflict: The Interplay of Affect and Cognition in Consumer Decision Making. *Journal of Consumer Research*, 26(3), 278 – 292.

111 Edland A. & Svenson O. (1993) Judgment and decision making under time pressure. In: Svenson O. , Maule A. J. (eds) Time Pressure and Stress in Human Judgment and Decision Making. Springer, Boston, MA.

112 Margalit, L. (2019, November 5). This is your brain on sale. *CMS Wire*.

113 Ordóñez, L. & Benson, L. (1997). Decisions under time pressure: How time constraint affects risky decision making. Organizational Behavior and Human Decision Processes, 71(2), 121 – 140.

114 Amabile, T. M. , Noonan Hadley, C. , & Kramer, S. J. (2002). Creativity under the gun. *Harvard Business Review*.

115 Giblin, C. E. , Morewedge, C. K. & Norton, M. I. (2013, September 16). Unexpected benefits of deciding by mind wandering. Frontier Psychology, Volume 4, Article 598.

116 Chataway, R. (2020). *The behaviour business*: *How to apply behavioural science for business success*. Harriman House.

117 D ooley, R. , (2019), Friction: The untapped force that can be your most powerful advantage. McGraw-Hill Education.

118 Cheema, A. , & Soman, D. (2008). The effect of partitions on controlling consumption. *Journal of Marketing Research*, 45(6), 665 – 675.

119 Rolls, B. J. , Morris, E. L. , & Roe, L. S. (2002). Portion size of food affects energy intake in normal-weight and overweight men and women. *The American Journal of Clinical Nutrition*, 76(6), 1207 – 1213.

120 Dooley, R. (n. d.). The psychology of beer (and wine too). *Neuromarketing Blog*.

121 Cheema, A. , & Soman, D. (2008). The effect of partitions on controlling consumption. *Journal of Marketing Research*, 45(6), 665 – 675.

122 Bettinger, E. , Cunha, N. , Lichand, G. , & Madeira, R. (2020). Are the effects of informational interventions driven by salience? University of Zurich, Department of Economics, Working Paper No. 350.

123 Cheema, A. , & Soman, D. (2008). The effect of partitions on controlling consumption.

Journal of Marketing Research,45(6),665 - 675.

124 Soman,D. & Cheema,A. (2011). Earmarking and partitioning: Increasing saving by low-income households. *Journal of Marketing Research*,48,S14-S22.

125 Dhar,R. ,Huber,J. , & Khan,U. (2007). The shopping momentum effect. *Journal of Marketing Research*, 44(3),370 - 378.

126 Morwitz,V. G. ,Johnson,E. , & Schmittlein,D. (1993). Does measuring intent change behavior? *Journal of Consumer Research*,20(1),46 - 61.

127 Kaplan,K. (1997,January 15). 5 customers sue AOL over new unlimited access plan. *LA Times*. Brown,M. (n. d.) AOL goes unlimited. *This Day In Tech History*.

128 Mazar,N. , Plassmann,H. ,Robitaille,N. & Lindner,A. (2016). Pain of paying? —A metaphor gone literal: Evidence from neural and behavioral science. Rotman School of Management Working Paper No. 2901808, INSEAD Working Paper No. 2017/ 06/MKT.

129 Kamat,P. ,Hogan,C. ,(2019,January 28),How Uber leverages applied behavioral economics at scale, Uber Engineering Blog. Uber ExpressPOOL eng. uber. com/applied-behavioral-science-at-scale.

130 Zellermayer,O. (1996). The pain of paying. (Doctoral dissertation). Department of Social and Decision Sciences,Carnegie Mellon University,Pittsburgh,PA.

131 Rick,S. ,Cryder,C. E. ,&Loewenstein,G. (2008). Tightwads and spendthrifts: An interdisciplinary review, *Journal of Consumer Research* 34(6),767 - 782.

132 Prelec,D. ,&Loewenstein,G. (1998). The red and the black: Mental accounting of savings and debt. *Marketing Science*,17(1),4 - 28.

133 Coulter, K. S. , Choi, P, & Monroe, K. B. (2012). Comma n' cents in pricing: The effects of auditory representation encoding on price magnitude perceptions. *Journal of Consumer Psychology*, 22(3),395 - 407.

134 Prelec,D. ,&Loewenstein,G. (1998). The red and the black: Mental accounting of savings and debt. *Marketing Science*,17(1),4 - 28.

135 The story of Klingon in the Bing Translator was provided to me directly by Matt Wallaert via phone interview. He was also a guest on The Brainy Business episode 128,where we talked about it briefly,and you can learn more about his research in his book: Wallaert, M. (2019). *Start at the end: How to build products that create change*. Penguin Publishing Group.

136 Berman,B. (2005). How to delight your customers. *California Management Review*,48 (1),129 - 151.

137 This chart I've created for the book is adapted from the one in the article referenced above, How to delight customers.

138 Berman,B. (2005). How to delight your customers. *California Management Review*,48 (1),129 - 151.

139 Coyne,K. P. (1989). Beyond service fads—Meaningful strategies for the real world.

Sloan Management Review,30(4),69 – 76; Dick,A. S. & Basu,K. (1994). Customer loyalty: Toward an integrated conceptual framework. Journal of the Academy of Marketing Science, 22, 99 – 113.; T. A. Oliva, T. A. , Oliver, R. L. , & Macmillan, I. C. (1992). A catastrophe model for developing service satisfaction strategies. *Journal of Marketing*,56(3),83 – 98.

140 Berman,B. (2005). How to delight your customers. *California Management Review*,48 (1),129 – 151.

141 Berman,B. (2005). How to delight your customers. *California Management Review*,48 (1),129 – 151.

142 Reichheld,F. F. & Sasser Jr. ,W. E. (1990). "Zero defections: Quality comes to services," Harvard Business Review,68(5),105 – 111.

143 Heskett,J. L. (2002). Beyond customer loyalty. *Journal of Service Theory and Practice*, 12(6),355 – 357.

144 Chubb,H. (2019,June 6). Ed Sheeran teams up with Heinz ketchup to create 'Edchup.' *People.*

145 Berman,B. (2005). How to delight your customers. *California Management Review*,48 (1),129 – 151.

146 Fredrickson,B. L. & Kahneman,D. (1993). Duration neglect in retrospective evaluations of affective episodes. *Journal of Personality and Social Psychology*,65(1),45 – 55.

147 Redelmeier,D. A. ,Katz,J. & Kahneman,D. (2003). Memories of a colonoscopy: A randomized trial. *Pain*, 104(1 – 2),187 – 94.

148 Kahneman,D. ,Fredrickson,B. ,Schreiber,C. , & Redelmeier,D. (1993). When more pain is preferred to less: Adding a better end. *Psychological Science*,4(6),401 – 405.

149 *Wood,W. ,(2019),Good habits,bad habits: The science of making positive changes. Farrar, Straus and Giroux.*

150 *Wood,W. & Neal,D. T. (2009). The habitual consumer. Journal of Consumer Psychology,19(4),579 – 592. Zaltman,G. (2003). How customers think: essential insights into the mind of the market. Harvard Business Press.*

151 *Eyal,N. , & Hoover,R. (2014). Hooked: How to build habit-forming products. Portfolio/Penguin.*

152 Details on Pique were provided via direct interview with cofounder,Bec Weeks,in episode 119 of *The Brainy Business* podcast.

153 Milkman,K. L. , Minson,J. A. , & Volpp,K. G. (2014). Holding The Hunger Games hostage at the gym: An evaluation of temptation bundling. *Management Science*,60(2), 283 – 299.

154 Lorre,C. ,et. al (Writers), & Cendrowski,M. (Director). (2008,December 15). The bath item gift hypothesis [Television Series Episode] In L. Aronsohn(Producer),*The Big Bang Theory*. Columbia Broadcasting System.

155 The 6 Principles of Persuasion by Dr. Robert Cialdini [Official Site]. (2019,June 25).

www. influenceatwork. com/principles-of-persuasion.

156 Freedman, J. L. & Fraser, S. C. (1966). Compliance without pressure: The foot-in-the-door technique. *Journal of Personality and Social Psychology*, 4(2), 195 – 202. Markman, A. (2008, October 12). The power of yard signs II: Escalation of commitment. *Psychology Today.*

157 If you're in the market for amazing branded photos for your business, I highly recommend Jennifer Findlay Portraiture. My headshots at the time of this publication were done by Jennifer and she is phenomenal to work with.

158 Cialdini, R. B. , et. al. (1975). Reciprocal concessions procedure for inducing compliance: The door-in-theface technique. *Journal of Personality and Social Psychology*, 31 (2), 206 – 215.

159 Note, this book is focused on fifteen to twenty of more than two hundred brain concepts to help you learn the process of applying behavioral economics to business. Those others can be your spices and seasonings as you start experimenting.

160 Details about The Littery were provided to me directly via an interview with CEO Michael Manniche in episode 75 of *The Brainy Business* podcast.

161 This is also triggering a loop of prefactual / counterfactual thinking, which are essentially when we "what if" and "why not. " While not part of this book, both have episodes on *The Brainy Business* podcast, 68 and 71.

162 Buehler, J. (2017, October 19). Dogs really can smell your fear, and then they get scared, too. *NewScientist.*

163 Nelson, N. (2016, May 3). The power of a picture. *Netflix Blog.* Roettgers, J. (2016, January 7), This simple trick helped Netflix increase video viewing by more than 20 percent. *Variety.*

164 Kahneman, D. (2011). *Thinking, fast and slow.* Farrar, Straus and Giroux.

165 Lam, B. (2015, January 30). The psychological difference between $12. 00 and $11. 67. *The Atlantic.*

166 W adhwa, M. & Zhang, K. (2014). This number just feels right: The impact of roundedness of price numbers on product evaluations. *Journal of Consumer Research*, 41(5), 1172 – 1185.

167 Ariely, D. (2008). *Predictably irrational: The hidden forces that shape our decisions.* HarperCollins.

168 Hanson, R. (2009, January 10). Why we like middle options, small menus. *Overcoming Bias.*

169 Graff, F. (2018, February 7). How many daily decisions do we make? *Science.*

170 Brian explained this example while being interviewed on episode 104 of *The Brainy Business* podcast. You can find more of his work in his book: Ahearn, B. (2019). *Influence PEOPLE: Powerful everyday opportunities to persuade that are lasting and ethical.* Influence People, LLC.

171 Mitrokostas, S. (2019, January 14). Why cereal boxes are at eye level with kids. *Insider*.

172 Cobe, P. (2020, September 25). Texas restaurants turn to neuroscience for menu makeovers. *Restaurant Business*.

173 Witte, K. (2019, November 20). Local businesses use Texas A&M behavior science to design menus. *KBTX*.

174 Details for the menu project were provided via an interview with Jez Groom and April Vellacott; they also provided permission to use the images in the book at that time. You can hear my interview with them on episode 131 of The Brainy Business podcast, and check out their book: Groom, J. & Vellacott, A. (2020). *Ripple: The big effects of small behaviour changes in business*. Harriman House.

175 Trafton, A. (2014, January 16). In the blink of an eye. *MIT News*. Staff, (2019, March 6), Mobile Marketing Association reveals brands need a "first second strategy." *Mobile Marketing Association*.

176 Sunstein, C. (2020, May 19). How to make coronavirus restrictions easier to swallow. *Bloomberg*.

177 Details on the project and permission to use the imagery in this book were provided via an interview with Elizabeth Immer from Zuzanna Krzyzanska for The Ergonomen Usability. To read more about the project with Swisscom, read this: Immer, E. (2020, March 6). A "fresh" start for collections at Swisscom. *Ergonomen*.

178 Celletti, C. (2020, June 25). Conversations that matter—Nudgestock 2020: Necessity is the mother of reinvention. *Ogilvy*.

179 Details on Shapa were provided via a direct interview with Dan Ariely, which you can hear on episode 101 of The Brainy Business podcast and approved by his team to appear in this book. Learn more about Shapa at www. shapa. com.

180 Sunstein, C. (2020, May 19). How to make coronavirus restrictions easier to swallow. *Bloomberg*.

181 Petreycik, C. (2019, July 10). Cotton candy grape watch: Which stores have them now. *Food and Wine*.

182 Zak, P. (2014, October 28). Why your brain loves good storytelling. Harvard Business Review.

183 Staff. (2020, January 24). Storytelling and cultural traditions. *National Geographic*.

184 The Colu team provided me with details from the Jerusalem Boulevard project via a direct interview, and you can also hear about it on episode 113 of The Brainy Business podcast. They also provided the imagery and permission to use it, as well as the story, in this book. Learn more about the project here: Staff. (2020, January 1), Urban regeneration In TLV—Jerusalem Boulevard, Colu. colu. com/case-studies/urbanregeneration-in-tel-aviv-colu-civic-engagement.

185 Staff. (2020). Cancer Facts & Figures 2020. Cancer. org.

186 D etails provided via direct interview with Survivornet CEO, Scott Alperin, as well as

permission to include the story in this book. Learn more about them at www. survivor-net. com.

187 Zhang, Y. (2015, November 2). The registration test results Netflix never expected. *Apptimize*.

188 W atson, A. (2020, November 10). Number of Netflix paid subscribers worldwide from 3rd quarter 2011 to 3rd quarter 2020. *Statista*.

189 D etails on the Dectech research was provided to me via direct interviews with the team, some of which you can hear on episode 140 of *The Brainy Business* podcast. Read the research here: Mitchell, T. &Benny, C. (2020). Using behavioural science to reduce opportunistic insurance fraud. *Applied MarketingAnalytics*, 5(4), 294 – 303.

190 D etails provided via direct interview, which you can hear in episode 116 of *The Brainy Business* podcast, also check out his book: Wendel, S. (2020). *Designing for behavior change: Applying psychology and behavioral economics* (2nd Ed). O' Reilly Media.

191 Nelson, N. (2016, May 3). The power of a picture. *Netflix Blog*.

192 Hern, A. (2014, February 5). Why Google has 200m reasons to put engineers over designers. The Guardian.

193 Palmer, M. (Host). (2019, May 17). Color theory. (No. 61) [Audio podcast episode]. In *The Brainy Business*.

194 Chataway, R. (2020). *The behaviour business: How to apply behavioural science for business success*. Harriman House.

195 Learn more about the Texas A & M Human Behavior Lab (including information about signing up for our Certificate in Applied Behavioral Economics at hbl. tamu. edu/certificate-program.

196 D etails about iMotions were approved by members of their team, including their inclusion in this book. For more details about them, visit www. imotions. com.

197 Sundararajan, R. R. , Palma, M. A. & Pourahmadi, M. (2017). Reducing brain signal noise in the prediction of economic choices: A case study in neuroeconomics. *Frontiers in Neuroscience*, 11, 704.

198 Sunstein, C. (2013). *Simpler: The future of government*. Simon & Schuster.

199 R ose, J. (2019, April 1). Benefits of using your opposite hand—Grow brain cells while brushing your teeth. *Good Financial Cents*.

200 Coyier, C. (2016, January 8). What is bikeshedding?. CSS-Tricks.

201 Eyal, N. & Li-Eyal, J. (2019). *Indistractable: How to control your attention and choose your life*. BenBella Books, Inc.

作者简介

　　梅琳娜·帕尔默是 Brainy Business 公司的创始人和首席执行官。该公司为世界各地不同规模的企业提供行为经济学咨询。她的获奖播客"聪明的商业"被 160 多个国家和地区的人们下载，并被用作许多大学和企业应用行为经济学的资源。作为一名终身学习者，梅琳娜在芝加哥职业心理学学院获得了行为经济学硕士学位，并在得克萨斯农工大学人类行为实验室教授应用行为经济学的课程。她是全球应用行为科学家协会的成员，为消费者研究协会、菲林研究所（Filene Research Institute）贡献了研究成果，并为《公司》（*Inc.*）杂志撰写行为经济学和商业专栏。